日本有事

清水克彦
Shimizu Kats

インターナショナル新書　113

はじめに

本書を書いた最大の理由

「いざというとき、近隣の住民は逃げ切れるだろうか」

そんな疑問を強く感じたのは、愛媛県にある四国電力伊方原子力発電所（以下、伊方原発と表記）での事故を想定した防災訓練を目の当たりにしたときのことだ。

二〇一五年十一月八日と九日、愛媛県伊方町と近隣自治体では、三号機の再稼働を念頭に、国が主催する原子力総合防災訓練が実施されたが、参加者は両日を合わせても三〇〇人程度。

陸路での避難組は、放射線レベルが上がっているはずの原発施設周辺を歩かされ、船で大分県に渡る海路避難組は、海上自衛隊が用意した船に乗るまでに、長時間、屋外での待機を余儀なくされた。

これでは被曝してしまう。

伊方原発は、愛媛県から豊後水道に細長く突き出した佐田岬半島のつけ根にある。陸路での避難ルートは国道一九七号と県道の二本しかない。

陸路では避難ルートが限定され、海路で大分県へと避難する場合も、原発周辺に住む人々にとっては、三崎港まで約三〇キロの距離をどのように移動するかが課題となる。

愛媛県で生まれ育った筆者には、二本しかない道路が大渋滞する様子も容易に想像でき、その後、何度か行われた訓練のニュースを、勤務先がある東京で見聞きするにつけ、「少しは改善されたのだろうか」と、遠い故郷に思いを馳せたものだ。

二〇一一年三月十一日の東日本大震災と福島第一原発事故、そして二〇二〇年初頭から感染が拡大した新型コロナウイルスは、人々の暮らしや考え方を大きく変える有事となった。

筆者は、在京ラジオ局の報道ワイド番組チーフプロデューサーや解説担当として、これらの有事を取材し、現状と今後の課題などを伝えてきたが、近年の日本は、もう一つ、これまでにない有事のリスクに直面していると言わざるを得ない。

北にロシア、西に北朝鮮、そして南西に中国という核保有国を抱える脅威。その脅威がもたらしている現実を、一人でも多くの方に伝えたい……そう思うようになったのが本書執筆の起点である。

中国は必ず攻めてくると考えた備えを

なかでも最大の脅威は中国だ。

二〇二二年二月二四日に始まったロシア軍による大規模なウクライナ侵攻は、国際社会を大きな混乱に陥れ、その影響は、原油高や円安、物価高という形で今なお続いている。

そのロシア侵攻以降、日本の国会で、あるいは有識者の間で語られ始めたのが、

「台湾や尖閣諸島も、中国の侵攻でウクライナのようになってしまうのではないか」

という指摘である。

「台湾有事も尖閣諸島有事も数年以内に起こり得る」

これが筆者の答えである。

中国は、二〇二二年八月十日、二二年ぶりに「台湾問題と新時代の中国の統一事業」と題した白書を発表し、平和的な統一のために最大限の努力を続けると主張した。しかし、額面どおりには受け取れない。事実、習近平《しゅうきんぺい》は、台湾ならびに尖閣諸島の統一、言い換えれば併合に並々ならぬ意欲を見せ続けてきた。

二〇一七年十月十八日、総書記として二期目を迎えた中国共産党大会で、習近平は次のように言い放っている。

「特色のある社会主義という偉大な旗印を掲げ、中華民族の偉大なる復興という中国の夢を実現するため、たゆまず奮闘する。中国の夢、強軍の夢を目指す」

二〇二二年十月十六日、総書記として三選を決めた党大会でも、

「台湾問題を解決するのは中国人であり、中国人が決める」

と語ってみせた。その野望は少しも揺らいでいない。

なぜ、台湾有事や尖閣諸島有事が数年以内に起こり得るのかについては本編で詳しく述べるとして、同時に有事に備えた防衛体制や住民避難についても見ておく必要がある。

ロシアによるウクライナ侵攻では、激戦地となった都市で「人道回廊」（住民を安全に避難させるためのルート）の確保の問題が浮上したが、たとえば、尖閣諸島を行政区域にしている沖縄県石垣市では、特に有事に備えた避難訓練は実施されていない。

「あくまで地震や津波対策といった通常の防災訓練の範囲内」

これが、筆者の問いに対する石垣市長、中山義隆の答えである。

これに対し、台湾では「黒熊学院」をはじめとする民間団体が、有事に備えた講座を開設している。そこでは住民に、避難の仕方はもちろん、情報の見極め方や中国軍と台湾軍の見分け方まで教え、その活動を蔡英文《さいえいぶん》政権や企業が後押ししている。日本政府が、よう

やく「シェルター」（避難施設）の整備を検討し始めたのとは大きな違いである。

台湾有事は日本有事

現代の戦争は、いわゆる陸海空の軍事衝突だけにとどまらず、サイバー攻撃や電磁パルス攻撃などによって、相手国の通信インフラを攪乱《かくらん》したり、戦闘機や装甲車両などを動けなくしたりするハイブリッド戦が定石となっている。

今ではハイブリッド戦という言葉すら古く、情報戦や宇宙からの攻撃など、あらゆる手段を駆使した戦い、すなわちオールドメイン戦（全領域戦）が主流だ。

中国軍が台湾に侵攻する場合、中国が台湾省の一部と見なす尖閣諸島も同時に狙われる可能性が高い。そうなれば石垣島をはじめ、沖縄本島や長崎県佐世保市、さらには山口県岩国市にあるアメリカ軍基地なども、オールドメイン戦の対象施設として狙われることになる。

仮に、中国軍と台湾軍との限定的な戦いになったとしても、台湾の基地が中国軍に破壊されて着陸できない場合、台湾軍機が、沖縄県内にある基地や空港に着陸を求めることも考えられる。そうなれば、台湾有事どころか、日本有事である。

しかし、現状では、それらに対処する備え、また、近隣住民を避難させるための訓練は不十分。むしろ手つかずと言っていい。

こうしている間にも、中国はロシアのウクライナ侵攻から、様々なことを学び、研究しているはずだ。

「巨大地震や原発事故は起こり得る」と考え、備えを急ぐように、台湾有事や尖閣諸島有事についても、「十分、起こり得る」という意識を持つことが重要になる。

台湾が攻撃を受ければ、日本は否応なく巻き込まれる。尖閣諸島が侵攻を受ければ、日本は当事者になってしまう。

本書では、日本有事を起こさないために何が必要なのか、また、仮にそうなってしまった場合、何が問われるのか、できるだけ平易な言葉で述べていくことにする。

中国とのビジネスに従事している方や、「国際情勢はよくわからない」と苦手意識を持っている方も、本書を手にしていただければありがたいと思う。

（※本文中の名前は敬称を略することとする）

目次

第三章　ウクライナ戦争と国際社会　121

第四章　攻める中国、守る台湾　163

第一章　すでに戦時下の尖閣諸島

すぐに動けない自衛隊

防衛省にほど近い、ホテルグランドヒル市ヶ谷。西館三階にある宴会場で、台湾有事に関するシミュレーションが行われたのは、二〇二一年八月十四日のことだ。

呼びかけたのは、安全保障政策を提言するシンクタンク、「日本戦略研究フォーラム」だ。シミュレーションは、ホテルの二つの宴会場を、あたかも作戦本部のように模様替えし、対面形式で行う本格的なものとなった。

「これより、台湾有事の机上訓練を開始したいと思います」

切り出したのは、元陸上幕僚長の岩田清文である。

この日のシミュレーションには、岩田をはじめ、元空将の尾上定正、元海将の武居智久といった元自衛隊の最高幹部、国家安全保障局次長として政府の安全保障政策を主導してきた兼原信克ら元官僚、そして細野豪志ら国会議員、合わせて二三人が顔を揃えた。

参加者全員で「模擬政府」を作り、総理大臣役、官房長官役、さらには外務大臣役や自衛隊トップである統合幕僚長などの役割を担うロールプレイング方式で、架空のシナリオに対し、取るべき対応について議論を続けた。

そのとき、示されたのが、次のような想定である。

◇シミュレーションで示された想定

①台湾で総統選挙が行われ、独立を主張する総統が誕生。
②台湾海峡の沿岸で、中国軍が「強襲揚陸訓練」を繰り返していることが判明。
③中国内陸部の基地から、数千台の軍用車両が沿岸部に移動していることも判明。
④中国が台湾近海に向けたミサイルの発射実験を実施していることも確認。
⑤アメリカと台湾がそろって、有事に備えた防衛態勢を一段階引き上げ。

これらの状況は、極めて高い確率で侵攻が予想されるものの、まだ攻撃には至っていない状態、つまり「グレーゾーン」と呼べるものだ。

この場合、どのような対応を取るのか、本格的に侵攻が始まるまでの間、刻々と変わる事態にどうアジャストすればいいかが課題になる。

日本は、安倍晋三政権下の二〇一五年九月に成立し、翌年三月に施行された安全保障関連法によって、自衛隊の活動範囲が拡大され、集団的自衛権の行使も可能になった。

しかし、まだ直接、武力行使を受けていない「グレーゾーン」の場合、生じている事態をどう認定し、どのように対処すればいいのか線引きが難しい。

◇安全保障関連法で定められた「事態認定」

・重要影響事態

放置すれば日本に対する直接の武力攻撃に至るおそれのある事態など日本の平和と安全に重要な影響を与える事態↓アメリカ軍などへの後方支援が可能になる。

・存立危機事態

密接な関係にある外国への武力攻撃が発生し、日本の存立が脅かされ、国民の権利が根底から覆される明白な危険がある事態↓日本が直接攻撃を受けていなくても、集団的自衛権を行使し、必要最小限度の武力行使が可能になる。

・武力攻撃事態

日本に対する武力攻撃が発生↓自衛隊の部隊の移動や物資の移動ができるようになり、必要最小限度の武力行使が可能になる。

この日のシミュレーションでも、先の想定について、

「これは重要影響事態」

「いや、存立危機事態でないと対応が限定される」

など、軍事の専門家であるはずの元自衛隊幹部の間でも意見が割れ、二日間にわたって行われたシミュレーションで、「事態認定」についての結論は出なかった。

同様の訓練は、一年後の二〇二三年八月六日にも実施された。

二〇二七年八月、中国が台湾北部の海域で軍事演習を始め、尖閣諸島沖にも多くの武装した漁船が押し寄せているという、よりリアルな想定で緊迫感も増した。

訓練では、一か月後に台湾有事が発生し、尖閣諸島有事も同時に起きる複合事態を想定し、議論が続いたが、「武力攻撃事態」と認定するまでに時間を要した。

自衛隊が展開する前に、海上保安庁や沖縄県警に死傷者が出て、総理大臣役を務めた元防衛相、小野寺五典《いつのり》が国民に陳謝する事態に至っている。

机上訓練ですらこの状態だ。実際に中国軍が台湾や尖閣諸島に迫る動きを見せた場合、「事態認定」だけで相当な時間を要することが予想される。

「国会が紛糾し世論が割れている間に侵攻が始まり、制圧されてしまうのでは？」

筆者はそんな思いを禁じ得なかった。

確保できない住民避難ルート

東京・市ヶ谷で行われたシミュレーションでもう一つ、大きな論点となったのが、筆者が「はじめに」でも触れた住民避難の問題であった。

たとえば、台湾とは一一〇キロ程度の距離にある日本最西端の島、沖縄県の与那国町には約一七〇〇人が住んでいる。尖閣諸島を抱える石垣市は約四万九〇〇〇人、尖閣諸島とは一五〇キロ程度しか離れていない宮古島市は約五万五〇〇〇人が生活している。

尖閣諸島が侵攻を受けそうになった場合はもとより、中国が、これらの島々の目と鼻の先にある台湾に侵攻する動きを見せた場合、「住民をどう避難させるか」は避けて通れない問題になる。

幸い、日本には、二〇〇四年六月に成立した国民保護法が存在する。法律の正式名称は「武力攻撃事態等における国民の保護のための措置に関する法律」という。

文字どおり、武力攻撃事態が生じた場合、国民の生命、身体、財産を守り、国民生活に及ぼす影響を最小限にするために、政府や自治体の責務、そして避難、救援、武力攻撃災害への対処など、様々な措置が規定されているものだ。

避難でいえば、武力攻撃が生じた場合、あるいは差し迫っている場合、国が警報を出す→都道府県は市町村に通知し、避難経路や交通手段などを指示する→市町村は住民に伝達し、避難の誘導をする、というのが主な流れだ。

同じように救援や災害への対処も、国→都道府県→市町村と指示が行き渡る仕組みになっている。

しかし、これもそう簡単ではない。

一つは、自衛隊がどこまで国民の生命を守ってくれるのかという点だ。

二〇二一年八月に行われたシミュレーションでは、防衛大臣役を務めた元防衛副大臣、長島昭久から次のような質問が出た。

「事態認定と国民保護は、どの程度リンクしているのか」

これに対し、元自衛隊最高幹部の一人から出たのは、「日本が直接、武力攻撃を受けたか、攻撃を受けることが予測される事態でなければ、自衛隊は法律に基づく国民保護はできない」という答えだった。

有事の際、国民の生命を守るための法律としては、他に災害対策基本法もあるが、戦時と自然災害とでは状況がまったく異なる。

武力行使の危険が迫った場合、国民保護法に沿って対処するほかないが、重要影響事態や存立危機事態の段階では、自衛隊が合法的に動けないとなると、十分な保護体制が構築されているとは言い難い。

さらなる問題は避難経路である。

国土の大半が隣国と陸続きのウクライナでさえ、ロシアの侵攻を受けて以降、住民避難は遅々として進まず、多くの犠牲者を出すことになった。

台湾や尖閣諸島に近い与那国町、石垣市、宮古島市などは、避難ルートが空路か海路に限定される。

このうち石垣市が、台湾有事や尖閣諸島有事に備えた避難訓練を実施していないことは「はじめに」で述べたとおりだが、与那国町でも総務課の課長補佐一人で避難計画作りを担っているのが現状だ。

その与那国町では、民間フェリーを避難のための交通手段として考えている。ただ、一度に乗れる数は一二〇人程度。全島民避難には十数便必要になる。それ以前に、中国海軍に近海を制圧されれば、それすら不可能になる。

「現状では住民を守れない」

筆者はそんな思いを持って与那国島へと飛んだ。

日本防衛の最前線、与那国島

那覇から南西へ約五〇〇キロ。与那国島までは飛行機で一時間二〇分ほどかかる。「日本最西端の碑」や「東崎展望台」などが人気のスポットで、海水浴やダイビングなどを目的に島を訪れる観光客は多い。

台湾とは、東京―熱海間程度しか離れておらず、天気が良い日には台湾東岸が目視できる。

そんな島の西側、太平洋と東シナ海を一緒に望むことができる場所に、陸上自衛隊の与那国駐屯地はある。

開設されたのは二〇一六年三月だ。一六〇人規模の沿岸監視隊が置かれ、島内に設けた二か所のレーダー施設を活用し、周辺を航行する中国軍の艦艇や航空機の監視を続けている。

駐屯地は、シュノーケルなどが楽しめる小さなビーチ、ナーマ浜に近く、牧場を切り拓いて設けられた一角にあり、周囲は馬が放牧され、のどかな雰囲気が漂う。レーダー関連設備や出入りする自衛隊車両を目にしなければ、ここが中国の台湾や尖閣諸島侵攻をにらんだ最前線基地という雰囲気は感じない。

しかし、筆者がこの島を訪れる直前、駐屯地に緊張が走った。二〇二二年四月七日、中国のY9電子戦機が、与那国島から宮古島南方の太平洋上を往復したのである。Y9電子戦機は、機体の下部にアンテナを搭載し、電波情報の収集や妨害電波を発信することを目的とした軍用機だ。

与那国島の海域でこのタイプの軍用機の飛行が確認されたのは初めてで、自衛隊機が緊急発進する事態となった。

それから約一か月後には、中国海軍の空母「遼寧《りょうねい》」が六隻の艦艇を伴い、沖縄本島と宮古島の間を南下し、艦載機による離発着訓練を実施している。

その回数は実に三〇〇回。これは明らかに、台湾侵攻の際、横須賀基地にいるアメリカの第七艦隊が東シナ海に入らないよう阻止する訓練であり、同時に台湾の西側（中国本土側）からだけでなく、東側からも攻撃できるというブラフ（脅し）を意味している。

歴史を振り返れば、中国海軍は過去に本格的な実戦経験がない。

そのため、大掛かりな訓練を実施することで、アメリカなどに対し、運用能力の高さを示す狙いもあったと筆者は見る。

「ロシアがウクライナに侵攻してから、緊張が一段と高まった感じがする。日によっては戦時下にあるような気持ちになる」

「中国の侵攻に備え、台湾軍の演習が増えた。去年（二〇二一年）などは一年で二〇〇回以上。夜中でもドーンという砲撃音が聞こえてくることがある」

島の住民は空を見上げながらこのように語る。

そうした中にあって、与那国駐屯地は、中国が統一を目論む台湾に「最も近い島」の防衛拠点として重要度が増している。

二〇二二年四月一日には、航空自衛隊の移動式レーダー部隊が配備された。文字どおり、移動式の警戒管制レーダーを運用することによって、中国軍への警戒監視態勢を強化するためだ。

この動きは、陸上自衛隊の電子戦専門部隊の配備へとつながる。

電子戦専門部隊には、最新の車載型ネットワーク電子戦システム（NEWS）が導入され、電磁波の収集、そして侵攻を受けた際に、相手のレーダーや通信機器を無力化するための役割が与えられることになる。

その数は七〇人規模。これにより与那国島に駐留する自衛隊員の数は二三〇人あまりと、島の人口の十五％を占めることになった。

進む自衛隊の南西シフト

「日本の領土の中で台湾に一番近く、しかも中国に近いところに監視の拠点を持つこと。これがとても需要」

こう語るのは、自衛隊で東部方面総監や陸将を歴任した渡部悦和《わたなべよしかず》である。「これで十分？」とする筆者の問いに渡部は、

「まだまだ足りない部分はあるが、宮古島、石垣島、そして与那国町、選挙の度に政治的なハードルを乗り越えながら、ようやくここまで来た」

このように述べ、与那国島に駐屯地が設けられた二〇一六年以降、進められてきた自衛隊の南西シフトに感慨深そうな表情を見せた。（図1‐1）

渡部が述懐するように、沖縄本島を中心とする島々では、まさに南西シフトとも言うべき自衛隊の配備が続いている。

図1-1　南西諸島の陸自部隊（2019年時点）

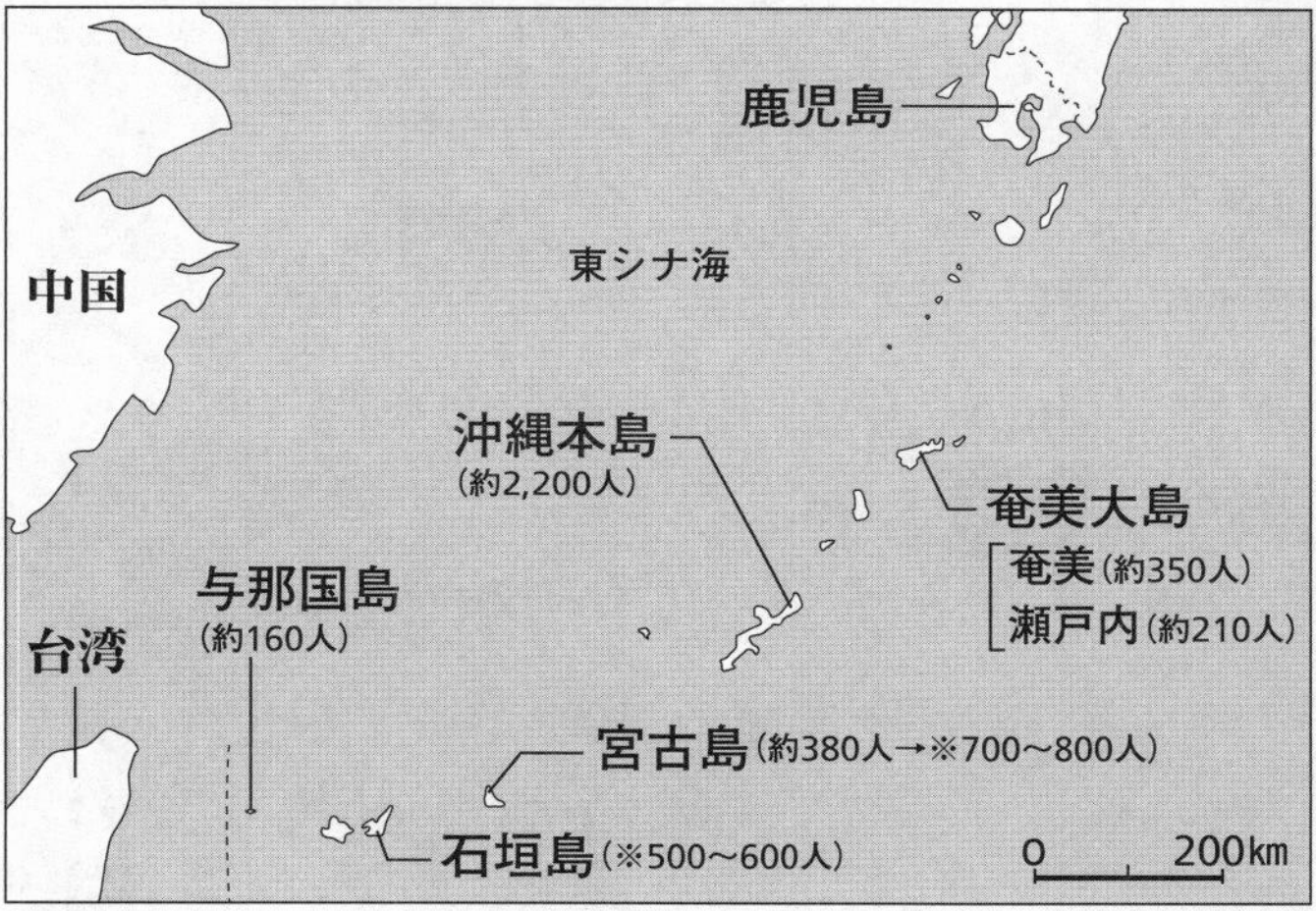

※印は計画

出典：朝日新聞社

中でも注目されるのが、陸上自衛隊のミサイル部隊の配備である。

二〇一九年には、第三〇一地対艦ミサイル中隊が奄美大島の瀬戸内分屯地に配備された。そして、翌年の二〇二〇年には沖縄県の宮古島に第三〇二地対艦ミサイル中隊が置かれた。

加えて、既述したように、与那国島に移動式レーダー部隊が置かれ、この先も与那国島への電子戦専門部隊の配備、石垣島に地対艦ミサイル部隊と地対空ミサイル中隊、それに北大東島にも移動式レーダー部隊の配備が進む予定だ。

小さな島で急速に進む基地化にとまどう住民も少なくない。それが、近年の首

図1-2　電子戦の2つの弧

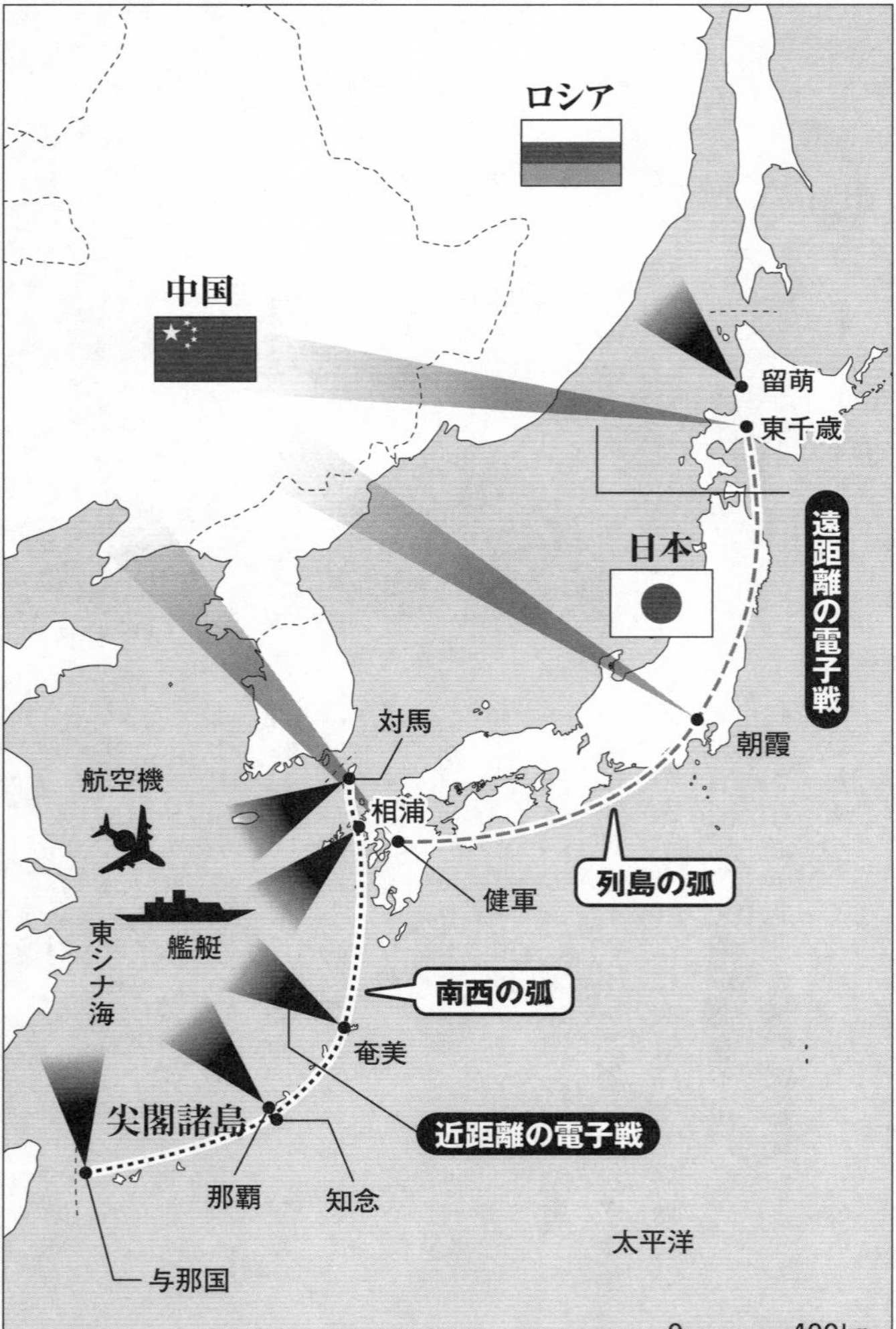

出典：産経新聞社

長選挙で争点になってきたことは、渡部が述べたとおりである。

しかし、中国軍の艦艇や航空機による相次ぐ侵入や、ロシア軍によるウクライナ侵攻によって、少しずつ住民意識が変わってきたのも事実である。

二〇二一年十二月十八日に行われた「与那国駐屯地創立五周年記念」の式典で、当時の司令、古賀聡明二佐はこう語っている。

「ここが国境線であり、われわれがここにいること自体が抑止力の主体である」

図1-2は、中国とロシアを想定した電子戦部隊の備えを示したものである。

南北の距離が一二〇〇キロと本州に匹敵するほど長い南西諸島については、長崎県の対馬～奄美～沖縄本島～与那国を結ぶ「南西の弧」と呼ばれるライン。そして日本列島に関しては、北海道～埼玉（朝霞駐屯地）～熊本（健軍駐屯地）を結ぶ「列島の弧」と呼ばれるライン。

防衛省は、二つの弧を描く形で十か所以上に部隊を配備し、中国、そしてロシアにも対抗できる備えを構築しようとしているのである。

安全保障より地域振興

話を与那国島に戻そう。中国を想定し、防衛力の強化が進む与那国島に基地誘致の話が浮上したのは、二〇〇五年の町長選挙で保守系の外間守吉《ほかましゅきち》が当選して以降である。一九七三年に与那国町議会が自衛隊誘致を決議したものの、その後、具体的な動きはなく、外間町政がスタートして間もない二〇〇七年一月になって、ようやく自衛隊誘致のための組織、与那国防衛協会が設立されることになったのである。

その背景には、一九七八年以降、中国が当時の最高指導者、鄧小平《とうしょうへい》によって進められた改革開放路線によって経済成長し、資源の確保が急務となったことがある。

資源を海洋に求めた中国は、一九八〇年代後半に南沙諸島（スプラトリー諸島）の島嶼《とうしょ》を獲得した。一九九五年にはフィリピンの海域、ミスチーフ礁にも進出し、建造物を設けて占拠している。

また、一九九五年から翌年にかけては、台湾をミサイル発射で威嚇し、機動部隊を派遣したアメリカとの間で緊張が高まる事件（第三次台湾海峡危機）も引き起こした。

こうした動きを受け、自衛隊は二〇〇三年、中国の漁船が尖閣諸島周辺の領海を侵犯し、海上保安庁の巡視船に体当たりしてきたことを想定した演習を実施している。

まさしくそれは、二〇一〇年九月七日、中国漁船衝突事件として現実のものになるのだが、与那国防衛協会は、これに先んじる形で設立された。そして、二〇〇八年九月の町議会では、自衛隊基地の誘致を次のように決議した。

過疎化が進み、国や県から見放される前に、私たち町民は心を一つにして、諸課題を早期に一挙に解決する必要がある。座して死を待つのではなく、周辺に忍び寄る国際紛争にも国家の防衛力で身を守りながら国家予算を獲得する方策は、これすなわち自衛隊誘致しかないと言っても過言ではない。（筆者要約）

この決議には大きな特徴がある。自衛隊基地誘致の理由として、安全保障より先に地域振興を挙げている点だ。

外間は、二〇〇九年と二〇一三年の町長選挙でも再選を果たしたが、「自衛隊基地ができれば、隊員とその家族で人口が増え、過疎化に歯止めがかかる」との論法のみを用いて、僅差で選挙戦を制している。

自治体の首長選挙では、原発や産業廃棄物処分場建設などの是非が一大争点となるケースが多々あるが、与那国町の場合、自衛隊基地の誘致について、国や県に向けては安全保障、島内の有権者に向けては地域振興と、その理由を使い分けたのである。

こうして誕生したのが、陸上自衛隊与那国駐屯地であった。ただ、ここで配備されたのが沿岸監視隊という点にも注目しておかなければならない。

沿岸監視隊とは、その名のとおり、レーダーによる周辺海域の監視を主な任務としている。目と鼻の先の台湾や尖閣諸島で有事が起き、すぐさま海上警備行動をとれるようにするには、海上自衛隊の部隊を配備すべきである。

与那国町の人口は、外間の言葉どおり、基地誘致前の一五〇〇人から一七〇〇人に増えたが、安全保障の面から基地問題が語られることはほとんどなかった。

批判的安全保障研究の第一人者、ジェフ・ユイスマンスは、安全保障について「危険を作り出す実践」と捉えている。

その理論からすれば、台湾や尖閣諸島で有事が発生した場合、駐屯地を擁しているがゆえに、与那国島全体が中国軍の標的となる恐れもある。しかし、この問題が全国的に注目されることはほとんどなく、与那国町では、移動式レーダー部隊、そして電子戦専門部隊の追加配備と、国レベルの防衛強化が「過疎化防止」に置き換えられて進んでいる。

言うなれば「安全保障隠し」だ。これは石垣市でも同じである。

石垣市では、二〇二二年二月二七日、現職の中山義隆が、沖縄県知事、玉城デニーらを擁するオール沖縄が推した新人候補を破って四選を果たした。

陸上自衛隊の基地設置計画も争点にはなったが、中山が主に唱えたのは、新型コロナウイルス対策と景気回復であった。筆者の取材に対しても、

「自衛隊配備については容認の立場。防衛省に対し、市民への配慮を求めながら事業の進行に協力していく」

このように淡々とした答えが返ってきただけであった。

石垣市内への基地設置は、防衛省が二〇一四年に検討を開始している。反対派は首長選挙の度に、基地があることで攻撃対象になる危険性を指摘したものの、それが大きなうねりになるまでには至らなかった。

むしろ、基地設置により自衛隊員五〇〇～六〇〇人とその家族が居住し、選挙権を付与されることで、保守層が増えることへの懸念のほうが大きかった。

南西諸島、言い換えれば八重山地方の中心地である石垣市でも、安全保障の問題が深く議論される以前に、ローカルな対立軸のほうが先に立ってきたことに、筆者は「有事の際、

一枚岩になれるのか」という危惧を抱くのである。

与那国町長が語る「島は守れない」

与那国島のほぼ中央、イランダ線と呼ばれる林道からは、先に述べた陸上自衛隊の沿岸監視隊が設けた巨大なレーダー施設を見ることができる。（上写真）

筆者撮影

このレーダー群で東シナ海の中国船や中国軍機を監視しているのである。

かつて、「拳銃二丁」と言われ、島内の防衛拠点は二か所の交番しかないと揶揄された与那国島とは比べようもない光景である。

筆者は与那国町役場を訪ねた。

与那国町長の糸数健一は、海上自衛隊の移動式レーダー部隊に続き、陸上自衛隊の電子戦専門部隊の設置にも不安を隠さない。

「自衛隊が増強されることに異存はない。むしろ、この程度の増強で島を守れるのか。とても守れるとは思えない。中国軍も近代化されているので、私はもっと増やしてほしいと思っている」

さらに糸数は、懸念される住民の避難問題についても不安を率直に語った。

「避難ルートは海路と空路しかないが、海路は石垣島までフェリーで四時間かかる。何便でも出すか、大型フェリーを使うかしないと厳しい。空路も一便で五〇人しか乗れないというのでは安全が確保できない」

「ウクライナ戦争で盟友のロシアが苦戦しているのを見て、中国も台湾侵攻の作戦を練り直すと思う。だとすれば少し猶予があるので、その間に防衛と避難、二つの態勢を作らないといけない」

糸数には、台湾有事や尖閣諸島有事が起きた場合、真っ先に与那国島が巻き込まれるとの危機感がある。

それだけでなく、石垣島や竹富島、さらには宮古島や沖縄本島までもが戦時下に置かれるとの思いが強い。

もっと言えば、中国が台湾に侵攻した場合、在留邦人約二万人や相当数の台湾人が、最も近い島である与那国島へと疎開してくることへの懸念もある。

「現状では島は守れない。それどころかパニックになる」

糸数の言葉には、そんな思いを感じることができた。

筆者には、ある住民の言葉が心に残った。

「私は神奈川から島に移住して十一年になる。実家の親はウクライナの情勢を見て、『与那国島は危ないから帰ってこい』と言うが、戦争になれば八重山諸島だけでなく日本全体が有事になると思う。どこに住んでも危険なのは同じ。親の忠告は断り、覚悟を決めて住んでいる」

急浮上した「台湾村」建設構想

このように切羽詰まった状況に置かれつつある与那国島で急浮上したのが、「台湾村」の建設構想だ。

構想を推進するのは、在沖縄与那国郷友会という団体で、建設準備会を発足させて動きを加速化させるとしている。

二〇二二年五月五日に発表された「台湾村」建設の基本計画には、台湾企業や移住希望者に土地を提供することで、台湾との交流拡大を図り、経済の活性化につなげたいという趣旨が盛り込まれている。やはり主眼は地域振興だ。

そして、ゆくゆくは与那国島と台湾を結ぶ定期航路の開設も目指し、台湾からの人口流入によって、島の人口を現在の二倍以上に増やしたいとしている。

構想を推進する一人は、

「台湾は人口二〇〇〇万人を超える市場。与那国島に『台湾村』ができることで、観光も産業も活性化すると思う。台湾から与那国で事業をする人も出て、移住する人も増えるだろう」

と予測する。

しかし、この「台湾村」構想には、もう一つ理由がある。与那国町漁業協同組合の組合長、嵩西《たけにし》茂則は語る。

「台湾有事に備えた避難計画。台湾が中国の攻撃を受けたとき、台湾の人たちが与那国島に疎開できるようにしておくという狙いもある」

「台湾有事の際は、東に避難する場合、間違いなく与那国島に来る。台湾の起業家はお金を持っているので、それを活用しながら、与那国島に、ビジネスや生活拠点だけでなく避難施設の意味も込めた場所を作ろうとしている」

筆者は、「台湾村」建設構想で想定している島の南西部、嘉田地区を見てきた。嘉田地区は農地や牧草地が拡がるエリアだ。与那国空港やフェリーが発着する港からも車で十分から十五分程度とそう遠くない。

何より、避難施設と考えた場合、陸上自衛隊与那国駐屯地に近いのが心強い。距離で言えば二キロから三キロあたりであろうか。

政府は、自衛隊基地周辺や国境離島など安全保障で重要となる土地の取得や利用を制限している。

与那国島でも、駐屯地から一キロの範囲は特別注視区域として制限の対象になるが、「台湾村」は、制限の対象地域からほんの少し外れた地域、それでいて数キロ先に自衛隊がいるという場所に誕生することになる。

「台湾村」が実現するかどうかは、土地の所有者や町役場との話し合い次第だが、台湾有事に備える民間発の動きとして注目すべきである。

石垣島で進む日中の駆け引き

与那国島を含む八重山諸島。その中核となるのが石垣島（石垣市）である。

石垣島でも、二〇二三年三月をめどに配備される陸上自衛隊の警備隊、ならびに地対空ミサイル部隊や地対艦ミサイル部隊を受け入れるため、大型クレーンを使った施設工事が進められてきた。

工事をめぐっては、一時、沖縄防衛局が、国が指定する天然記念物、カンムリワシの営巣が確認されたため大騒音を伴う工事は控えると発表した。また基地周辺では大型トラックなどによる騒音問題に加えて、泥が混じった汚水処理の問題も浮上し、住民の反対運動も続いてきた。

石垣島と言えば、コーラルリーフに囲まれ、マングローブの名所も点在する美しい島（美ら島）である。

政府が、美ら島から成る八重山諸島の防衛を強く意識したのは、二〇〇四年の「防衛計画の大綱」（十六大綱）からだ。

尖閣諸島周辺で中国船の活動が活発化したのを契機に、政府が「防衛力の空白地帯」と言われてきた八重山諸島に自衛隊を増強してきたのは、前述したとおりである。

後でも詳しく述べるが、海上保安庁も、石垣港に、数隻の巡視船（ＰＬ型）や巡視艇

（PC型）を常駐させ、中国船への監視体制を強化している。筆者が赴いたときには、「なぐら」や「たけとみ」など四隻の巡視船を確認することができた。

つまり、エメラルドグリーンやコバルトブルーに輝く海に囲まれた美ら島は、沖縄を代表するリゾート地としてだけでなく、今や「基地の島」としての顔も持ち、中国に対する「防火壁」（ファイヤーウォール）と化す、ということである。

二〇二二年五月十五日には本土復帰五〇年という節目を迎えた沖縄。「基地」というものに翻弄され続けた半世紀を経て、現地ではどう受け止めているのだろうか。

沖縄大学地域研究所の特別研究員、島田勝也は語る。

「自衛隊は、五〇年前の沖縄本土復帰に合わせて沖縄に入ってきた。当時は、『軍』というものに反発が強く、自衛隊員の転入手続きが自治体側から拒否されるケースもあったが、今はむしろ感謝されているくらい」

さらに島田は、筆者の取材にこう続けた。

「もちろん、反対の声も根強い。ただ、沖縄本島の人も八重山諸島の人も、近年の中国の動き、ロシアのウクライナ侵攻を毎日のように見聞きしていると、『もっと来てほしい』という気持ちにすらなっている」

ただ、中国も、八重山諸島の「基地の島」化には黙っていない。

石垣港に隣接した浜崎町地区には、ビジネスホテルが一つ建っている。東横イン石垣島だ。そのホテルの近くに建つ高級マンション二棟に、近年、中国人の長期滞在者が見られるようになったのだ。

この二棟は、月単位で借りても年単位で借りても、月々二〇万円台半ばから後半という価格帯である。一般的な日本人観光客だと手が出せない金額だ。そんなところになぜ中国人なのか。

答えは簡単だ。石垣港を見下ろす部屋から、海上保安庁の巡視船の出入りをチェックしているのである。

中国人が北海道などリゾート地のマンションを買い漁るという現象はこれまでにもあったが、石垣島でのケースは背景が異なる。

筆者は、中国人とおぼしき人に声をかけてみたがノーコメント。足早にマンション内へと消えていった。

日本が「防火壁」造りを急ぐなら、中国もそれを監視する。石垣島では、日中の攻防が続いているのである。

最大の課題は兵站

言うまでもなく、防衛省は島嶼部の地域振興のために自衛隊基地を設置しているわけではない。中国の台湾侵攻や尖閣諸島への上陸をにらみ、監視拠点や防衛拠点としての整備を急いでいるのだ。

その課題は、基地を取り巻く住民意識の問題のほかに、兵站《へいたん》（兵器類の整備修理、食料・燃料・弾薬などの補給、戦闘傷病者の医療処置など、前線の戦力を維持するための機能）にもある。

「離島防衛の課題は何と言っても兵站」

とは、自衛隊元統合幕僚長の河野克俊の指摘である。

前述した元陸将の渡部悦和も、

「島に駐屯地を作ったのはいいけれど、大きな課題は兵站。特に弾薬。有事が生じる前に武器弾薬を集積しておかないと間に合わない。そのための予算が担保されるのかどうか」

このように疑問を投げかける。

二〇二二年二月二四日に始まったロシア軍によるウクライナ侵攻では、ロシアが侵攻して二日間で、首都キーウ（キエフ）を陥落させるという見方が支配的であった。

しかし、それが簡単にはいかず、攻撃の矛先を東部のハルキウや南東部の要衝、マリウポリなどに変えざるを得なかったのは、兵站に失敗したからである。

もちろん、ロシア軍が苦戦した背景には、ウクライナ軍が予想以上に抵抗したことやウクライナ市民が武器を手に戦ったことなどがある。

アメリカなど西側諸国が、対戦車ミサイル「ジャベリン」や携行型地対空ミサイル「スティンガー」、それに高機動ロケット砲システム「ハイマース」など最新の武器を供与したことも、ロシア軍を苦しめた要因である。

しかし、それ以上に、戦争が予想以上に長期化したのは、ロシア軍が兵站に失敗し、最前線で戦う部隊の戦力を維持できなかったことが大きい。

「水・食料や衣料が届かず、兵士の士気が低下」

「燃料や弾薬が不足し、ロシア軍部隊の前進が遅滞」

ロシア軍の苦戦ぶりを伝える報道が相次いだのは記憶に新しいところである。

キーウ陥落に向け、ロシア軍が予め部隊を展開させていたのはベラルーシ国境付近。ここからキーウまでの直線距離は一八〇キロほどある。

また、二〇一四年、強引に併合した南部のクリミア半島からマリウポリまでは、実に四〇〇キロ近い距離がある。

このように、戦闘の最前線と後方部隊がいる地域との距離が離れている場合には、中間に補給拠点（物資集積所）を設けるのが通常である。

ところが、ウクライナ領土内にロシア軍の補給拠点はほとんど確認されず、そのため、輸送車両は長距離の往復を余儀なくされて、効率の悪化を招いた。

しかも、侵攻当初は、北、東、南の三方向から攻撃を試みたため、兵站もそれぞれの作戦に合わせて構築する必要に迫られた。そうした理由もあり、侵攻の長期化とともに、作戦そのものが瓦解していった。

これが、ロシア軍が苦戦を強いられた最大の要因である。

陸続きのロシア―ウクライナ間でこの状態だ。台湾有事や尖閣諸島有事になった場合、空と海からしか物資の搬送手段がない島嶼部では、もっと労力が必要とされる。

仮に、中国軍に制空権を奪われた場合、与那国島などにある自衛隊の駐屯地に武器や弾薬を運ぶルートは海路しかなく、それも先に述べた住民避難の問題と同様、著しく厳しい状態に置かれることになる。

追い詰められる漁師

今度は産業面から見てみよう。中国が台湾や尖閣諸島近海へのプレゼンスを強める中、最も影響を受けているのが漁業である。

「年々、安心して操業できる漁場の範囲が狭くなっている。これまでのような操業はできなくなるのではという不安がある」

与那国島の漁業関係者は切実な思いを語る。

周辺を流れる黒潮は速く、地元漁師から「台湾坊主」と呼ばれる温帯低気圧に見舞われることもあるが、東シナ海はおしなべて浅い海で、サバやアジといった回遊魚、それにマグロなど高級魚が獲れる漁場である。

このように東シナ海は極めて優良な漁場であるが、それと同時に中国、台湾とのはざまで荒れる海となってきた。

日本と中国の間には「日中漁業協定」なるものが存在する。これは、一九七二年の日中国交正常化に伴い、東シナ海や黄海における漁業の安全な操業と資源の保護を目的に結ばれたものだ。

一九九七年には、適用される水域を日本と中国の排他的経済水域（EEZ）とし、漁獲量や操業する船の数などを定めた「新日中漁業協定」が結ばれ、二〇〇〇年から適用されている。
問題は、肝心の協定の中身が曖昧であることだ。

◇新日中漁業協定の骨子
・相手国の漁船が自国の排他的経済水域に相互入会して操業することを認める。
・相手国排他的経済水域内で操業を行うには、相手国当局の発行する許可証を得なければならない。
・相手国の定める漁獲量や操業条件に従わなければならない。
・両国は自国の排他的経済水域内における相手国の操業条件を決定できる。
・「中間水域」「暫定措置水域」「北緯二七度以南の水域」では、相手国の許可を得ることなく操業することができ、両国は自国の漁船についてのみ取り締まる権限を有する。

十四条からなる条文の中には、日本で一般的に使われている東シナ海という呼称が一度も出てこない。一方、中国が主張してきた「東海」（トンハイ）という呼称は二か所出てくる。

これは、法律より上位に位置づけられる条約の締結に当たり、日本政府が障害となりそうな呼称を避けたことを意味している。

しかも、骨子として抜粋した主な条文では、排他的経済水域の位置づけが実に曖昧である。

排他的経済水域とは、漁業や天然資源採掘、科学的調査などを行う場合、他国に邪魔されず自由に行うことができる水域を指す。領海（領土沿岸部に設定された基線から十二海里＝約二二キロの範囲）から二〇〇海里（約三七〇キロ）の範囲がこれに当たる。

日本政府は、一九九六年に「排他的経済水域及び大陸棚に関する法律」を制定し、東シナ海のように排他的経済水域が境界線となる場所に関し、相手国との中間線を越える場合は中間線、または相手国と合意した境界線で確定する立場を表明している。

しかし、中国が中間線で経済水域を折半することを拒否し、東シナ海全域が中国の権益と主張し、「日中漁業協定」の改定交渉が難航した結果、極めて曖昧な文言でまとまった感が強い。

実際、中国本土と日本の九州・沖縄地方の間にまたがる東シナ海には、「中間水域」と

「暫定措置水域」という名の国際法に基づかない海域が設定され、その海域では相手国の船は取り締まらないとされた。（図1－3）

これは、日本政府が、それまで自由操業を求めていた協定に基づき、中国側の伝統的な操業実績に配慮した結果である。

こうした交渉の中で取り残されてしまったのが、沖縄本島以南（北緯二七度以南）の尖閣諸島や南西諸島を含む海域の位置づけなのである。

放置されてきた尖閣諸島海域

中国は、江沢民《こうたくみん》時代の一九九二年二月、「領海及び接続水域法」を制定した。その中で、中国は、領土について、「沿海の島嶼、台湾及び釣魚島（日本では魚釣島）を含むその附属諸島、澎湖《ほうこ》列島、東沙群島、西沙群島、南沙群島などが含まれる」と規定している。

「日本人が釣魚島をいわゆる『発見』する以前に、中国は釣魚島及びその付属島嶼に対してすでに数百年にわたって管轄を実施してきた」

「一八九五年の不平等な馬関条約（日清戦争後の下関条約）によって、釣魚島及びその付属

図1-3　東シナ海周辺における漁業関係模式図

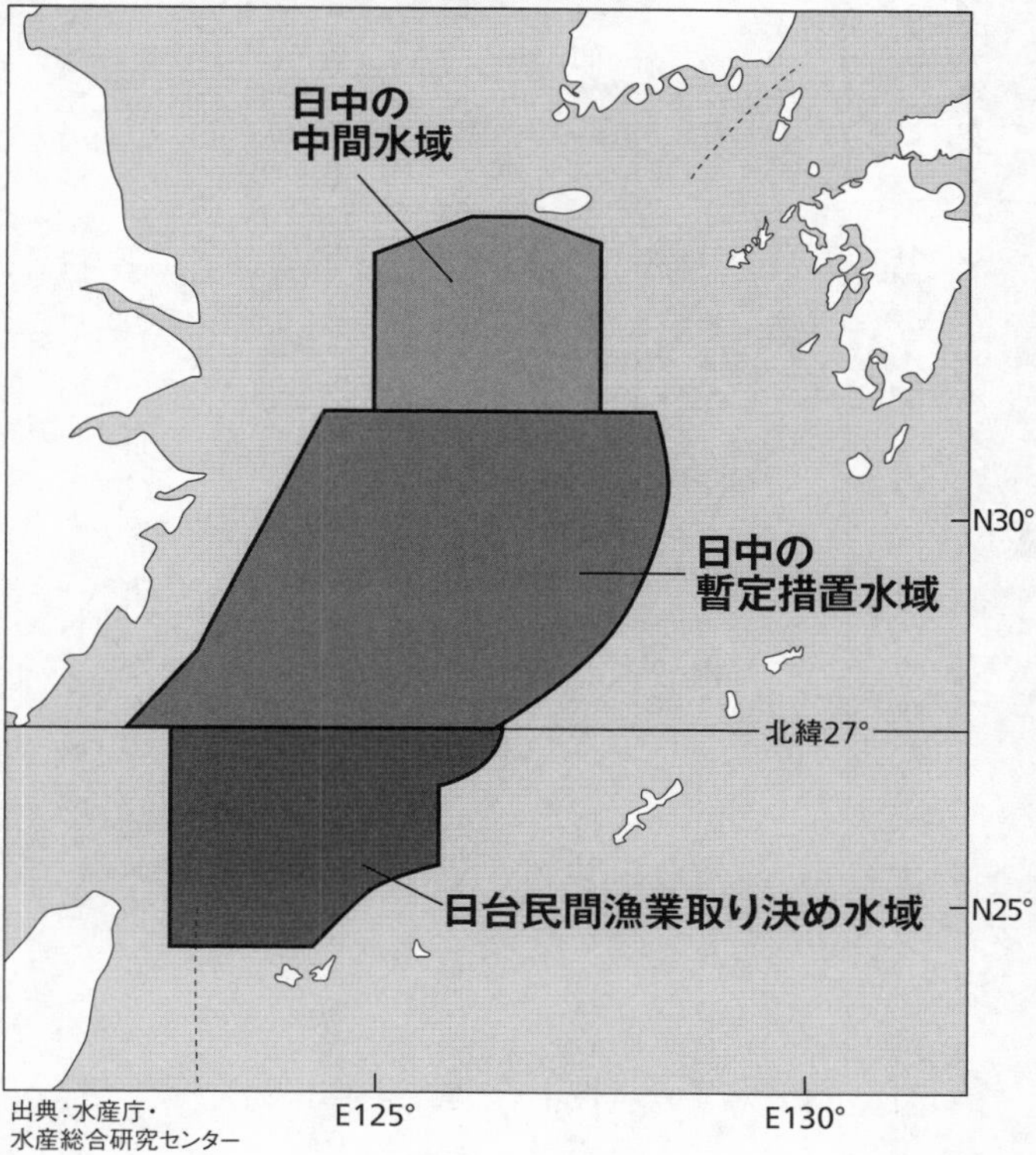

出典：水産庁・
水産総合研究センター

島嶼は台湾島の付属島嶼としてともに日本に割譲されたが、第二次世界大戦後、『カイロ宣言』『ポツダム宣言』『日本降伏文書』などの法的文書によって、釣魚島及びその付属島嶼は中国に返還された」

というのが中国側の主張である。

これに対し、日本政府は、二〇一二年十月二九日、当時の衆議院議員、浅野貴博が提出した「新日中漁業協定」に関する質問主意書に対して、

「漁業実態が複雑であり、かつ入り組んでいることから、既存の漁業秩序を基本的に維持する」

「排他的経済水域における漁業等に関する主権的権利の行使等に関する法律第五条から第十三条までの規定は、中国国民に対して適用しないこととしている」

との答弁書を出している。つまり、尖閣諸島周辺海域で、中国漁船が自由に操業できるお墨つきを与えてしまったのである。

対する中国は、

「尖閣諸島の領有権は中国にある。その立場から、中国としては日本の漁船が北緯二七度以南で操業することを認める」

という姿勢をとった。

事を荒立てないようにしようとする日本と、白黒を明確化したうえで許容しようとする中国の外交姿勢の差が、南西諸島の漁業関係者にとっては漁場を狭め、ときに中国軍の脅威にさらされる現状を作り出してきたと言わざるを得ない。

北緯二七度以南の海域で、中国漁船が違法操業したとしても、主権発動行為である拿捕《だほ》は難しい。

二〇一九年や二〇二〇年は年間で、延べ一四〇隻程度、中国漁船に対し、海上保安庁などが退去警告を行っているが、現状では、「海域を出るように」との警告か外交ルートで中国側に改善を求めるしか手立てはない。

「わが国が抱える領土問題は、北方四島と竹島問題の二つだけ。尖閣諸島をめぐる領土問題は存在しない」

筆者の問いに勇ましく語る自民党などの国会議員は数多い。しかし、その周辺海域は排他的経済水域を設定できず、国家としての主権すら発動できない状態で放置されている。

けている。

中国船に勝てない日本の漁船

こうしている間にも、中国漁船は「新日中漁業協定」に基づき、思うがままに操業を続けている。

協定をもとに、日中漁業共同委員会で決められる東シナ海での操業条件も中国側有利の状況が続いている。

条件面での差が著しいのだ。例を挙げれば、二〇〇四年十二月、委員会で翌年の「暫定措置水域」での操業について合意した中身である。

「日本十万トン、中国二一〇万トンとする。漁船の操業隻数は、日本約八〇〇隻、中国約一万九八〇〇隻を超えないよう抑制する」

合意内容を見ると、日本と中国の割り当てには二〇倍以上の開きがあることがわかる。

二〇一六年十一月に開催された委員会でも、

「日本十万九二五〇トン、中国一六四万四〇〇〇トン。操業隻数は、日本約八〇〇隻、中国約一万七三〇〇隻以内」

中国の割り当てがやや減少したものの、圧倒的な差は変わっていない。

排他的経済水域では両国の漁獲量はほぼ同じ水準に定められているものの、アジ、サバ、マグロなどが獲れる優良な漁場で、宝石サンゴも生息する貴重な海域では、中国有利の条件で漁業が続いている実態が想像できるはずだ。

しかも、与那国島や石垣島の漁業関係者は、

「私らのマグロ延縄《はえなわ》漁船はファイバー製で十九トン。中国の船は鋼鉄製で五〇トン以上ある。そんなのに囲まれたら恐ろしい」

「中国の漁船は、私らが高性能のソナーで魚群を探知して、さあ獲ろうというときに数隻で囲んでくる。排他的経済水域であっても脅威。危険を感じる」

と語る。これが常態化しているのであれば何のための協定だかわからない。

尖閣諸島や与那国島周辺の漁場をめぐる中国漁船の動きは、沖縄県の漁業関係者だけでなく、長崎県や熊本県、それに鹿児島の漁業関係者にも影を落としている。

彼らはこれまで、台湾漁船との争いに腐心してきたが、それ以上に今は中国という遠洋漁業強国の前にお手上げの状態が続いている。

たとえば、熊本県上天草市にある樋島漁協の船は、夏期は沖縄本島と宮古島周辺、冬期は尖閣諸島と与那国島の海域で操業している。

しかし、操業すれば、中国の福建省《ふっけんしょう》や浙江省《せっこうしょう》から来た漁船団に囲まれるリスク、悪くす

ると衝突してしまうことへの恐怖と直面することになる。

ハマダイ、スジアラ、シロクラベラといった魚は、沖縄県では高級魚とされ高値がつくため、本来であれば特に冬期の漁はドル箱のはずだ。

「漁場が戦場になっている。安全保障がどうとかより、まず海を安全にしてほしい」

こんな声が聞こえてくる。

常態化する尖閣周辺への侵入

八重山諸島の中心、南西諸島の中でも中核となる沖縄県石垣市の港には、前述したとおり、海上保安庁の巡視船が数隻、常に停泊している。

新型コロナウイルスの感染が拡大する前までは、年間約一五〇万人が訪れていた美しい島は、尖閣諸島警備の拠点でもあることがよくわかる光景だ。

筆者が二〇二一年に訪れた際には、二〇一〇年九月七日に起きた中国漁船衝突事件で被害を受けた小型巡視船「みずき」のほか、総トン数が一〇〇〇トンを超える巡視船「ざんぱ」「はてるま」「よなくに」の姿が確認できた。

尖閣諸島の警備は、これまで第十一管区海上保安本部に属する石垣海上保安部の巡視船と、那覇海上保安部所属のヘリ搭載可能な大型巡視船、合わせて十数隻の体制で行われてきた。

これに加え、二〇二一年十一月には、総トン数六五〇〇トンと超大型のヘリ搭載型巡視船「あさづき」が、期待の星として就役し、備えが強化されることになった。

思い起こせば、筆者が在京ラジオ局で政治・国際情勢担当記者として取材活動を始めた一九八六年以降、十数年もの間、尖閣諸島について取材する機会はなかった。

一九九七年に魚釣島に上陸した当時の新進党衆議院議員、西村眞悟に、中国と台湾が猛反発したのを受けてインタビューした程度である。

それが風雲急を告げてきたのが二〇〇三年以降である。

同年六月二三日、中国の活動家が乗った船が領海内に侵入し、翌年三月二四日には、尖閣諸島の魚釣島に不法上陸するという事件が相次いで発生した。

その後も中国は、二〇〇八年十二月八日、海洋調査船二隻を九時間もの間、領海内に居座らせるなど挑発的な行為に出たが、尖閣諸島をめぐって日中間の対立が決定的となったのは、二〇一〇年九月七日に起きた中国漁船の巡視船への衝突事件であった。

自民党政権であれば、公務執行妨害で逮捕された中国人船長を、一定期間勾留したあと強制退去させるという手法を採ったかもしれないが、当時の民主党政権は、国内法に基づき起訴する手続きを採った。

これに尖閣諸島を自国の領土と認識している中国は猛反発した。そして日本人の身柄拘束やレアアース禁輸など広範囲の対抗手段に出たため、民主党政権は船長を釈放せざるを得ない状況に追い込まれた。

この事件は、中国船が尖閣諸島周辺の海域をわが物顔で航行するようになるきっかけを与えてしまったという意味で、今日に至るまで大きな禍根を残す出来事になったと筆者は思う。

尖閣諸島をめぐる近年の動きを整理しておこう。

二〇一二年四月十六日、当時の東京都知事、石原慎太郎が、私有地であった尖閣諸島を都が買い取る意思を表明し、それが、その年の九月十一日、内閣総理大臣、野田佳彦が国有化を宣言する動きへとつながっていった。

中国は、胡錦濤《こきんとう》時代末期であったが、日本のこの動きは、中国にとってチャンス到来を意味したはずだ。日本が一方的に現状変更しようとしていると国内外にアピールできるからである。

中国漁船衝突事件以降、尖閣諸島周辺の領海内に中国船の侵入を多発させてきた中国は、国有化を受けて報復に出る。日本大使館への抗議だけにとどまらず、北京や上海の日系デパートや飲食店などが放火や略奪の対象となったことは記憶に新しい。

尖閣諸島は、魚釣島をはじめ、すべての島を合わせても五・五平方キロメートルしかない小さな島々である。

一八八五年に福岡県の実業家が沖縄県令（知事）に領土編入に向けた開拓調査を求め、一八九〇年には、沖縄県師範学校の教諭が、「この島々は尖った岩が多い」ということで「尖閣」と命名したのが始まりだ。この頃の日本政府の認識は「誰にも所有されていない島」であったという。

一方の中国は、明時代の海防地理書「籌海図編《ちゅうかいずへん》」に釣魚島（魚釣島）が組み込まれていることなどを根拠に中国固有の領土と主張しているが、日本政府は、

「島々を認知していただけで実効支配していたことを示すものではなく、領有権を裏づけるに足る論拠とはなり得ない」

と強調してきた。その結果、双方の主張が平行線のまま、「新日中漁業協定」などによって、尖閣諸島周辺から日本の漁船が撤退を余儀なくされる現状へと発展してしまった。

「中国の航空機が尖閣上空に侵入」

「中国の海警局の船舶が領海を侵犯」

これは良くないことだが、在京ラジオ局で全国ネットのニュース番組を制作している筆者は、こうした速報に接しても驚かなくなった。

実際に戦火こそ交えていないが、尖閣諸島周辺はロシア軍が侵攻する前のウクライナ東部にも似た状況下にあると言っていい。

尖閣諸島海域はすでに戦時下

二〇二二年四月二八日、与那国島の漁業協同組合に、水産庁から一通のメールが届いた。題名は「台湾東における射撃訓練」となっている。

前述した漁協の組合長、嵩西茂則のもとには、こうしたメールが頻繁に届くという。

「中国の動きが活発化すると台湾が反応し、こうした訓練が増える。その度に水産庁から『漁に出ると危険』という情報がもたらされる」

「このあたりは、高級魚のハマダイがよく獲れる海域だが、最近はあまり沖には出られなくなった」

嵩西はさらに続けた。

「もし台湾有事が起きたら台湾は中国に勝てない。そうなると、この海域は中国に支配されてしまう。これまで一〇〇キロ沖で漁ができたのに、五〇キロ先に中国軍がいるとなると、実際には三〇キロ沖までしか行けなくなる。そうすると漁を止める人が続出することになる」

事実、海洋進出を進める中国は、それに見合う組織の整備と艦艇の増強を推し進めている。

海上保安庁の巡視船と対峙する中国海警局の船は、二〇一八年七月以降、中国共産党中央軍事委員会隷下にある人民武装警察部隊に編入され、トップには、東海艦隊の副参謀長を務めた王仲才《おうちゅうさい》少将が就任した。

中央軍事委員会という政府直轄の組織に組み込まれ、中国海軍のエースが陣頭指揮を執る形がここに完成したわけである。

しかも、中国は二〇二一年一月、全人代（全国人民代表大会、中国の国会）の常務委員会で「中華人民共和国海警法」（以降、海警法と表記）を可決し、二〇二一年二月一日に施行した。

海警法は、国際的にはあくまで沿岸警備隊として位置づけられてきた中国海警局の役割や権利義務を明確化したもので、日本で言う海上保安庁にすぎない海警局に、いざというとき、海軍と同様の役割と権限を与えるという法律である。

海警法に関しては、第四章で改めて触れるが、「強制的な排除や拿捕」「武器の使用」まで認めた危険極まりない法律である。

そうでなくとも海警局の船は、一〇〇〇トン以上の大型船だけで一三〇隻以上あり、海上保安庁の巡視船の二倍近くに及んでいる。

それだけでなく、海警局の船は、組織変更と法律の整備によって、中国の「第二海軍」とも呼べる陣容を整えているのだ。

二〇二〇年十月十五日には、尖閣諸島の一つ、大正島に向かっていた熊本県の漁船が、海警局の船四隻に追尾される事件が起きている。

嵩西は不安を口にする。

「すでに尖閣諸島海域も、この与那国島周辺の海域も戦時下」

「有事になれば、海域は海警局や中国軍の船に制圧される。そうなると漁業どころではない。命を守るには島内に避難できるシェルターがほしい」

また、石垣市議会議員で、自身も漁に出るという仲間均も怒りをあらわにする。

「尖閣周辺に漁に出ると、すでに中国に島々を乗っ取られているかのように見える」

沖合いに出れば海警局の船ばかりとなった海で、八重山諸島や九州から出港する日本の漁船は生活基盤を失いかけている。

尖閣諸島有事に至るプロセス

先に筆者は、台湾有事を想定し、元自衛隊幹部らが二年連続で実施したシミュレーションについて述べた。

そのシミュレーションは、あくまで台湾で総統選挙が行われ、中国からの独立を主張する新たな総統が誕生することをベースに組み立てられている。

しかし、二〇二四年、あるいは二〇二八年の台湾総統選挙で、独立を主張する総統が誕生する可能性は高くない。

現在の総統、蔡英文は、中国とは距離を置く民進党の政治リーダーで、「台湾のことは台湾人が決める」との考えを貫いているものの、独立は志向していない。

蔡英文の任期は二〇二四年までだが、次回や次々回の総統選挙で民進党候補が勝利すれば、この立ち位置が変わることはないだろう。

そうなった場合、中国は台湾統一を諦めるだろうか。答えは「NO」である。

中国が台湾に侵攻するとしたら、まず、どのような動きになるのか、筆者がこれまでの取材で得たシナリオをまとめてみる。

◇中国が台湾を侵攻する際のシナリオ
①中国軍が、台湾が実効支配している金門島や馬祖諸島を制圧し、そこに海軍と空軍の基地を設ける。
②基地ができれば、サイバー戦、情報戦、宇宙戦、電磁波戦などによって、台湾内部を揺さぶり、中国傀儡政権を樹立させ、中国に支援を請う形を作る。
③「台湾独立を阻止するため、中国はやむを得ず台湾を統一する」という状況を作り出し、アメリカなど諸外国の介入を防ぐ。
④アメリカ軍の介入に備え、尖閣諸島海域を含む東シナ海一帯を海軍で封鎖する。
⑤傀儡政府からの内乱鎮圧要請を名目に、強襲揚陸艦などを用いて台湾への上陸を開始する。

まさに、二〇一四年三月、ロシアが一方的にウクライナ南部のクリミア半島を併合したときのような動きであり、二〇二二年二月、ロシアがウクライナ東部を中心に侵攻を開始したときの流れにも酷似している。

特に①は、一九五八年八月から十月に起きた第二次台湾海峡危機を彷彿させる。

当時、中国の毛沢東政権は、台湾が支配する中国大陸寄りの離島、金門島ならびに馬祖諸島に大規模な砲撃を実施した。

この砲撃は、当時、台湾との間で米華相互防衛条約を締結していたアメリカのアイゼンハワー政権の出方を試すのが目的だったとされる。

このときアメリカは、金門島などの海域に多数の空母を集結させ、中国に軍事的圧力をかけ、離島制圧を断固として阻止する構えを見せた。そのため、中国は砲撃を中止し、米中戦争へとエスカレートすることはなかった。

金門島と馬祖諸島は、今なお台湾が実効支配しているが、東シナ海や台湾海峡における現在の軍事バランスは中国優位へと大きく変化している。

台湾に上陸するには揚陸艦の数が足りないと指摘されているが、空母「山東」と「遼寧」に加え、三隻目の空母「福建」が進水したことによって、海軍力は大幅に増強された。

台湾を統一できるだけの戦力は整いつつあると言っていい。

日本への影響を考えた場合、台湾が周りを海に囲まれた島という点にも着目しなければならない。

当然、アメリカ軍などによる軍事物資などの支援は海路と空路に限定される。中国軍に制海権と制空権を奪われれば、東シナ海一帯が中国色に染まってしまう。

海と空にも領海や領空の設定はあるが、中国軍が日本の領海や領空に配慮して台湾に侵攻するとは考えられない。

台湾有事が生じた場合、海路と空路を遮断して広大な戦闘区域を確保しようとする中国軍によって、尖閣諸島周辺はほぼ確実に戦場と化すことになる。ひいては近隣の八重山諸島や宮古列島も戦時下になる。

そうなれば日本は当事者である。もし中国軍が、在日アメリカ軍基地などにも攻撃の手を延ばせば、その影響は日本全土に拡がる可能性が高い。

尖閣諸島は本当に中国の領土か

中国は、尖閣諸島を「台湾省」の一部と見なしている。その理屈で言えば、台湾侵攻の際は、同時に併合を目指すことになる。

ヒゲの隊長で知られる参議院議員、自民党外交部会長の佐藤正久は語る。

「横須賀のアメリカ軍第七艦隊を台湾周辺の海域に入れないため、先に尖閣諸島を占拠する可能性もあれば、台湾と同時に侵攻する可能性もある」

それが、尖閣諸島の置かれた立場であり、尖閣諸島と先島諸島を形成する八重山列島や宮古列島の地政学的リスクなのである。

尖閣諸島の領有は、日本政府が一八九五年一月、他の国の支配が及ぶ痕跡がないことを慎重に検討したうえで、国際法上正当な手段で日本の領土に編入したのが始まりだ。

第二次世界大戦後、サンフランシスコ講和条約においても、尖閣諸島は日本の領土として扱われ、沖縄の一部としてアメリカの施政下に置かれてきた。

また、一九七二年、沖縄返還協定によって沖縄が本土復帰を果たした際も、尖閣諸島は、日本に施政権を返還する対象地域にも含まれ、これまで一貫して日本領土として扱われてきた。

ところが、尖閣諸島周辺を含む海域に、石油やガス田が存在する可能性が高いことが明らかになった一九七〇年代以降、中国および台湾が領有権を主張するようになり、一九七一年六月に台湾が、外交部声明で、「台湾省に付属する領土」と位置づけ、同年十二月には中国も、尖閣諸島の領有権を主張する見解を公式に表明している。

このうち、台湾は近年、尖閣諸島の主権問題を棚上げし、周辺海域の共同開発を行うことなどを提案しているが、中国は、二〇一四年十二月三〇日、国家海洋局が「釣魚島——中国固有の領土」と題したウェブサイトを設け、次のような「基本的主張」を示した。

そこには、先に紹介した尖閣諸島に対する中国の立場が色濃く反映されている。

◇中国の国家海洋局が示した尖閣諸島に関する「基本的主張」の要旨

・釣魚島および付属島嶼は、中国の不可分の領土の一部で、歴史的にはもちろん、国際法上から見ても中国固有の領土。

・釣魚島および付属島嶼は、日本が発見する数百年前から中国が管轄。

・下関条約では、台湾の付属島嶼とともに日本に割譲されたが、「ポツダム宣言」などによって中国に返還された。

・歴史事実と国際法を踏みにじる日本の行為を打ち砕く自信と能力がある。

中国が領有権を主張するのは、海域の豊かな資源だけが理由ではなく、一九七二年に刊行された京都大学元教授で歴史学者の故・井上清による著書『新版「尖閣」列島』(第三書館から二〇一二年に新版発刊)の影響が大きい。

国家海洋局のウェブサイトでも、尖閣諸島を中国領とした著作の一つに、井上の著書を挙げているほどだ。

その中で、井上は尖閣諸島について「日清戦争の勝利に乗じて日本が窃取した島々」と位置づけている。

中国側に立てば、

「日本が胸を張って『尖閣諸島は日本固有の領土』だと言い切れない文献が、ほら、このように存在しているだろう?」

ということになる。

ただ、逆を言えば、中国の論拠はこの程度ということである。井上の著書の中にも、尖閣諸島を中国の領土とする歴史的な根拠は明示されていない。

つまり、尖閣諸島の領有を主張する国家海洋局の主張は、極めて脆弱な論拠で成り立っており、国家海洋局の傘下にある海警局の船は、論拠もないまま領海侵犯を続けていることになる。
拓殖大学名誉教授で島根県の「竹島」に関する研究で知られる下條正男は、井上の著書を引用しながら、尖閣諸島に関する中国の動きについて警鐘を鳴らしている。
「中国側の主張には歴史的根拠がないことを明らかにしたのち、日本も海上保安庁の巡視船のパトロールの様子を伝える動画を配信するなどの対抗措置をすみやかに講じるべきである」(産経新聞社『正論』二〇一五年五月号)
「現在、われわれが帝国主義の釣魚諸島略奪に反対するのは、それがまさに帝国主義の当面の侵略の目標であり、その達成によって帝国主義がいっそう侵略を拡大する出発点がつくられるからである」(前掲書)
これらの指摘のうち、中国に対する警戒態勢は年々強化されているが、それ以上に中国の軍事力増強は進み、力で現状を変更しようという動きが顕著になっている。
これに備えなければ、尖閣諸島や近隣の島々は、台湾ともども、ロシアのプーチン大統領によって一方的に併合されたウクライナのクリミア半島、あるいはドネツク州など東部と南部四州のようになってしまうのではないだろうか。

第二章　効力なき日米安全保障条約

組んでいく」

辺野古論争の果て

「大きな負担を担っていただいている。このことを重く受け止め、負担軽減に全力で取り組んでいく」

沖縄が本土に復帰して五〇年の節目を迎えた二〇二二年五月十五日、内閣総理大臣就任後、初めて沖縄を訪れた岸田文雄は、記念式典で、アメリカ軍基地の負担軽減に取り組むと表明し、沖縄に寄り添う姿勢を強調した。

しかし、政府は、二〇一二年十二月、第二次安倍内閣が発足して以降、アメリカ軍普天間飛行場を名護市辺野古に移設することにまい進し、他方で沖縄振興策を前面に押し出し、県内の世論を二分させてきた。

その姿勢は、岸田内閣になっても変わらず、辺野古移設工事は県側の反発と法廷を舞台にした抵抗をよそに着々と進んでいる。

日本の国土面積の〇・六％にすぎない沖縄に、在日アメリカ軍の基地や専用施設の約七〇％が集中する現状はあまりに気の毒だ。これが、原子力発電所の稼働であれば、曲がりなりにも地元自治体の承諾というステップを踏むが、アメリカ軍基地は安全保障の名の下に政府が押しつけた産物だからである。

ゆえに、基地をめぐる状況は、アメリカが十一か所の基地や施設を日本側に返還することで一致した一九九六年十二月のSACO合意（特別行動委員会合意）や、在日アメリカ軍の再編が示された二〇〇六年五月のロードマップ（行程表）合意以降も大きな変化はない。

唯一、二〇〇九年九月、政権交代に成功し、総理の座に就いた鳩山由紀夫だけが、アメリカ軍基地について「最低でも県外」と述べて沖縄県民に淡い期待を抱かせた。

その年の十一月十三日、来日したアメリカ合衆国大統領、バラク・オバマに対しても、「トラスト・ミー」（trust me＝私を信じて）とまで大見得を切った。

ところが、実際には何の成算もなく、

「また、沖縄県に負担をお願いしなければなりません」

二〇一〇年五月四日、総理就任後初めて沖縄入りした鳩山は、当時の沖縄県知事、仲井眞弘多に頭を下げるしか手がない大失態を演じている。

二〇一〇年四月十四日付のワシントンポストは、この無責任極まりない宰相を「ルーピー」（loopy＝愚か者）と酷評した。

そして六月二日、その「ルーピー」は、背信と迷走を繰り返した挙句、政権を放り出したのである。

本土復帰前年の一九七一年、琉球政府行政主席を務めていた屋良朝苗《やらちょうびょう》（本土復帰後の初代知事）は、政府への建議書で、「基地の中に沖縄がある」と表現した。

それからすでに半世紀が過ぎたが、沖縄の基地負担は全くと言っていいほど改善されていない。

沖縄のアメリカ軍基地をめぐる問題はさらにある。台湾有事や尖閣諸島有事が起きた際、機能するのかという点だ。

アメリカ軍は沖縄に駐留している兵士の数を明らかにしていないが、沖縄県が二〇二〇年三月、二〇一一年時点での人数として発表した資料では、約二万六〇〇〇人となっている。

これは軍人だけの数字で、これにその家族や軍属（軍関係の仕事に従事している人）を加えると、五万人前後が沖縄で暮らしている計算になる。

筆者が直撃したアメリカ軍関係者は、衝撃的な予測を口にした。

「有事が生じたら、我々はまず一度、後方に撤退することになるだろう」

同じような見立てをするのが元陸将、渡部悦和である。渡部は言う。

「私も、侵攻や侵攻直前となった場合、沖縄のアメリカ軍は、海兵隊をはじめ多くの部隊がグアムやハワイの基地まで退くと見ている。アメリカ軍は、オスプレイや最新鋭の戦闘機などが中国軍のミサイル攻撃で破壊されないように、そして家族を守るために撤退し、態勢を立て直してから再び前線に出てくる」

慶應義塾大学教授で国際政治学者の細谷雄一も同じ見解を示す。

「沖縄は中国に近すぎて危険。グアムやハワイに下げたいという考えがある」

これらの指摘が現実のものとなれば、辺野古論争のようにこれまで交わされてきた基地論争は「何のためだったのか」ということになる。

アメリカ軍が後方に退けば、向かってくる中国軍と対峙するのは、当面、自衛隊と海上保安庁だけだ。日本にはその覚悟が求められることになる。

日米安全保障条約の落とし穴

「そうは言っても、日本とアメリカの間には、日米安全保障条約があるのだから守ってもらえるのでは？」

筆者もこのように思いたい。本当にそう考えて大丈夫なのだろうか。

日米安全保障条約は、一九五一年九月八日に署名され、一九六〇年一月十九日に新たに締結した、日米同盟の根幹とも言える条約である。条約は一九七〇年以降も延長され、現在に至っている。

正確な条約名は、「日本国とアメリカ合衆国との間の相互協力及び安全保障条約」と言い、軍事同盟としての日米関係が色濃く打ち出された内容となっている。

当初は、アメリカによる日本の防衛義務は明記されていなかったが、一九六〇年の改定では、第五条として次の文言が追加された。


各締約国は、日本国の施政の下にある領域における、いずれか一方に対する武力攻撃が、自国の平和及び安全を危うくするものであることを認め、自国の憲法上の規定及び手続に従つて共通の危険に対処するように行動することを宣言する。


この「日本の領域で日米のいずれかが攻撃された場合、共同防衛しますよ」という取り決めは、言い換えるなら「契約」に近い。

日本は、沖縄などに駐留するアメリカ軍のために、土地をはじめ様々な支援をする見返りに、万一の場合、世界最強とされるアメリカ軍に、十条から成る条約のこの条文で定めた契約に基づいて助けてもらおうというわけだ。

岸田文雄や前任の菅義偉などもそうだが、日本の歴代の内閣総理大臣は、就任後、初めてアメリカ合衆国大統領と会談する際、必ず第五条を持ち出し、その有効性と、沖縄県に属する尖閣諸島にも適用されることを確認している。

重要なことは、「契約」である以上、「ギブ&テイク」の図式が成り立たなくてはならないという点だ。

日本のテイクは第五条に明記され、ギブに当たるアメリカ軍による基地や施設設置の許可などに関しては第六条に記載している。アメリカ軍の兵士が不祥事を起こす度に問題になる「日米地位協定」も第六条が根拠となっている。

その意味では、「ギブ&テイク」は成立しているように見えるのだが、筆者には落とし穴が存在するように思えてならない。

確かに、第五条では「共通の危険に対処する」としているが、アメリカの「防衛義務」(security commitment)には足かせがある。

というのも、アメリカが「防衛義務」を行う場合、アメリカ合衆国憲法の規定ならびに諸手続きに従うことも明記されているからだ。

つまり、大統領や国防長官の一存では決められず、最終的には連邦議会によって決定されると謳っているのである。

議会で決めるとなると、上下両院で共和・民主両党の議席数がどうなっているか、そして、その時点での大統領への支持率や国民世論がどうであるかに左右される。

日本の場合、アメリカとの間に「契約」が存在するため、最新兵器や軍事物資の支援は望める。それに反対する声もまず上がるまい。

しかし、確実に言えることはここまでであり、それ以上の支援が見込めるかどうかはわからないというのが正直なところだ。

筆者が記者としてアメリカに留学し、選挙などを取材した経験から言えば、アメリカは世界のリーダー的役割を担う国家ではあるが、一般市民の関心事は、外交・安全保障などではなく、仕事や景気、医療や治安といった身近な問題が中心である。

二〇〇三年三月のイラク戦争勃発以降、二〇二一年九月にアフガニスタンから軍を撤収させるまで、長期間、中東に介入し続けてきたことへの厭戦気分も大きい。

遠く離れた東アジアの小さな島が攻撃を受けたからといって、「これはアメリカの国益を左右する事態」と認識し、すぐさま軍を派遣することに賛成するような世論は形成されにくいのではないだろうか。

また、台湾と尖閣諸島が同時に攻撃を受けた場合、アメリカが優先させるのは台湾の防衛になる。

台湾と尖閣諸島が同時に侵攻を受ける複合事態を想定した二〇二二年八月の元自衛隊幹部らによるシミュレーションでも、アメリカ大統領役を務めた元沖縄総領事、ケビン・メアが、「同時なら台湾優先」と明言している。

こうした点から考えれば、有事の際、アメリカによる支援は、ロシアとウクライナの戦争で見せた、ウクライナへの最新兵器の提供などと同程度と考えておいたほうが無難という解釈に行きつく。

アメリカは、ウクライナ戦争において、ロシアとの直接的な戦争を避けるため戦闘部隊を派遣しなかったが、それは相手が中国でも同じかもしれないと疑ってかかるべきだ。ましてや、有事の際、在日アメリカ軍の多くが後方まで退くとすれば、日本の防衛は「アメリカ抜き」も想定して再構築したほうがいいということになる。

中国は五日で尖閣を制圧する

二〇一六年一月、アメリカで民主党のヒラリー・クリントン候補と共和党のドナルド・

トランプ候補による大統領選挙の予備選挙に注目が集まり始めた頃、日米双方の防衛関係者の間で、一つの記事が話題となったことがある。

それは、アメリカのシンクタンク、ランド研究所のデヴィッド・シラパクが、外交専門誌『フォーリン・ポリシー』で発表した沖縄県の尖閣諸島をめぐる日本と中国の攻防に関するシミュレーションである。

中国の軍事問題や戦闘分析で知られるシラパクは、「尖閣諸島を守る戦いで、日本は五日間で中国に敗北する」と結論づけている。

彼はシミュレーションの中で、

「中国との衝突で、日本政府はアメリカに支援を要請するが、アメリカ側はこれを拒否。その結果、尖閣諸島はわずか五日間で中国の手に落ちる」

と分析した。

先の項で述べたように、日米安全保障条約の第五条には、アメリカの対日防衛義務が謳われ、第四四代アメリカ合衆国大統領、バラク・オバマ以降、トランプもジョー・バイデンも「第五条の対象に尖閣諸島も含まれる」との見解を示してきた。

シラパクのシミュレーションにはこの部分が抜け落ちている。なぜならシラパクは、

「尖閣諸島はアメリカにとって不毛の島。価値のない岩の塊のために、アメリカが中国との戦争リスクを冒すことはない」

という考え方にもとづいて予測したからである。

防衛省の幹部やOBは、こぞってこれを「稚拙なシミュレーション」と一笑に付すが、自衛隊だけでは一週間ももたないという見立ては無視できない。

有事となれば、アメリカは条約上、日本を見捨てるわけにもいかない。しかし、介入すれば、莫大なコストとリスクを覚悟しなければならない悩ましい事態に陥る。

これを、アメリカのシンクタンク、ブルッキングス研究所の上席研究員、マイケル・オハンロンは「尖閣パラドックス」と表現している。

日本にとって気になる予測は他にもある。

ワシントンDCに拠点を置くCSBA（戦略予算評価センター）の上席研究員で、長く海軍大学校の教授を務めてきたトシ・ヨシハラは、二〇二〇年五月、「中国による日本の海軍力観」(Dragon Against the Sun: Chinese Views of Japanese Seapower) を公表した。

その中で、ヨシハラは、「中国は尖閣諸島を四日で落とす」と分析する。

ヨシハラは、その根拠として、年間二十数兆円規模の国防費を投入してきた中国と、防衛費を五兆円前後に抑えてきた日本との違いを挙げ、警告している。
「中国海軍は過去十年で海上自衛隊を凌駕《りょうが》した。今日の中国の海軍力は十年前とは比較にならない。日本と中国の力の差は、放置しておくと、五年、十年先にはさらに拡大する可能性がある」

アメリカは台湾を守れるか

尖閣諸島の防衛に関して「パラドックス」に陥りかねないアメリカ。では、アメリカは有事の際、台湾を守るのだろうか。アメリカは、この問いを極めてセンシティブなものとして扱い、答えを曖昧にしてきた。

二〇二二年五月二三日、東京で日米共同記者会見に臨んだバイデンは、中国が台湾に侵攻した場合、「軍事介入をするのか？」との報道陣の問いかけに「YES」と答え、ホワイトハウスが慌てて火消しに走る騒ぎとなった。それほどアメリカ政府は台湾政策をデリケートなものとして扱ってきた。

台湾有事をめぐるアメリカの立場は、一般的に「戦略的曖昧性（Strategic Ambiguity）」と呼ばれる。これは、中台両岸問題の平和的な解決を実現するために、アメリカがどのように対応するかを曖昧にすることで、北京、台湾の両政府による挑発的・冒険的な行為を抑制するという政策である。

一九七九年、アメリカは台湾の中華民国政府と同盟関係を解消し、中国（中華人民共和国）と国交を樹立した。そして台湾の主権に関する中国の立場を「認識する」としながらも、自国の立場は明確にせず、あくまでも両岸問題が当事者間で平和的に解決されるよう求めてきたのである。

その反面、当時のカーター政権は、同年に台湾関係法を成立させ、軍事介入こそ確約していないが、台湾の防衛に寄与し続けることも約束している。

このように、アメリカは、中国と台湾双方に二重の歯止めをかけることで、中国が力によって現状変更を行おうとすることを防ごうとしてきたのである。

しかし、それから四〇年以上が経過し、東シナ海や南シナ海におけるアメリカの圧倒的な軍事的優位性は崩れ、軍事力を強化してきた中国との間でパワーバランスが大きく変化した。これまでの立場を見直す必要性が生じているのは言うまでもない。

バイデン政権下で、超党派の議員がアメリカ議会に台湾への軍事的支援を強化するための台湾政策法案を提出したのも、平和的な解決への悲観論が拡がり、「有事の際は台湾を守ると明言すべき」との論調が拡がったためだ。

バイデンはその後も「台湾を中国から守る」と明言している。これらの言葉は失言などではなく、確信をもって発言しているといっていいだろう。

こうした中、ロシアがウクライナに侵攻してから約一か月後の二〇二二年三月二二日、台湾の財団法人、台湾民意基金会が興味深い調査結果を発表している。

◇台湾民意基金会調査
・台湾の力だけで中国大陸の台湾占領を防げるか？
「非常に可能（絶対に防げる）」四・八％
「ほぼ可能（まあ、なんとか防ぐことができる）」十一・〇％
「可能性が低い（自力では防げないだろう）」三八・五％
「全く不可能（絶対に防げない）」三九・五％

台湾市民の八割近くが、「台湾単独では守れない」と考えていることがわかる。それもそのはず、中国と台湾の軍事力比較で、中国は台湾を圧倒している。この差はロシアとウ

図2-1　アメリカは台湾を防衛してくれると信じるか

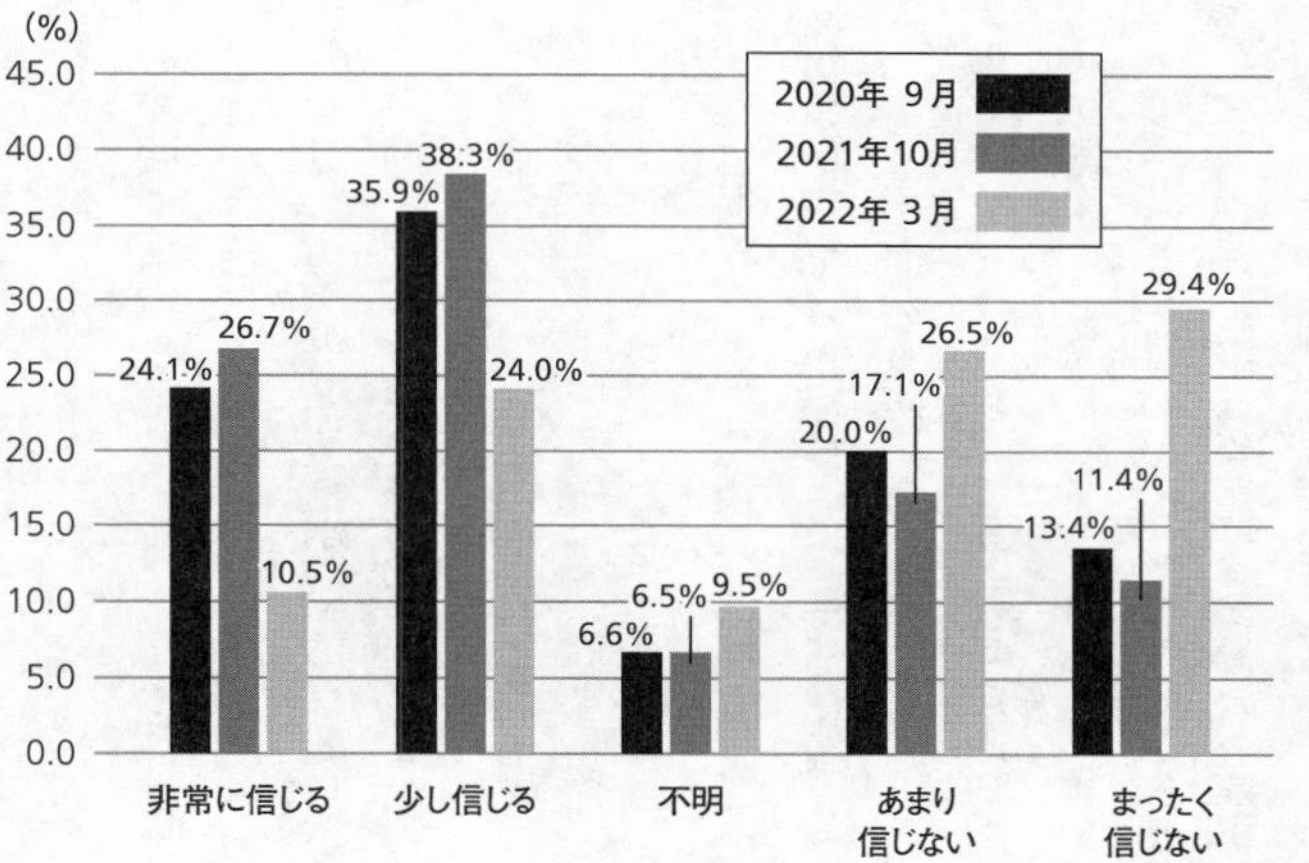

出典：台湾民意基金会

クライナの軍事力比に等しい。

◇中国と台湾の軍事力比較
（二〇二二年版『防衛白書』より）
・中国：総兵員数＝二〇四万人
戦車＝六二〇〇両　艦艇＝七五〇隻　戦闘機＝一二七〇機
・台湾：総兵員数＝十七万人
戦車＝七五〇両　艦艇＝二五〇隻　戦闘機＝三二三機

この調査結果で気になるのは、中国から侵攻を受けた場合、アメリカが台湾を防衛してくれると信じていない人の割合が年々増加し、現在では三割近くに上っ

ていることだ。（図2－1）

別の質問では、「ウクライナのように単独で戦わなければならなくなる」と感じている人の割合が六割に上るなど、アメリカへの期待度は高くない。

それだけに、アメリカは戦略的な発信を継続していく必要がある。それが中国による台湾侵攻の抑止につながる可能性があるからである。

頼りは自衛隊の防衛力

二〇二二年七月十日に実施された第二六回参議院選挙で、自民党は「日本を守る」など外交・安全保障を選挙公約の柱の一つに掲げ、勝利を収めた。

安倍政権下では、徹底した「憲法改正隠し」「安全保障問題回避」で勝利を重ねてきた自民党が、正面から防衛力の強化を謳い、支持されたことは、それだけ有権者の間に、ロシアのウクライナ侵攻に端を発した周辺国の脅威が、連日のテレビ報道などによって刷り込まれた結果である。

これで、岸田内閣は衆議院の解散に踏み切らない限り、二〇二五年夏まで本格的な国政選挙がない「黄金の三年間」（やりたい政策を実行に移せる三年間）を得たことになる。

岸田内閣が取り組むべき課題は多々あるが、本書との関連で言えば、何と言っても防衛費の増額であろう。

岸田は、二〇二二年五月二三日、アメリカ合衆国大統領に就任して以来、初めて日本を訪れたバイデンと会談し、日本の防衛力を根本的に強化し、その裏づけとなる防衛費の相当な増額を確保する決意を表明した。

岸田は、具体的にいくら増額すると語ったわけではないが、国会で議論する前に国際公約をしてしまったことになる。

ただ、現実問題として防衛費を増額し、防衛力を強化することは避けて通れない。

図2-2は、二〇二二年版『防衛白書』をもとに、前年度の主要国における防衛にかける予算額を示したものである。

日本の防衛費は中国国防費の五分の一に満たず、欧米諸国などと比較しても、国民一人当たりの費用も少ない。

これでは、サイバー戦や宇宙戦など現代の戦争に太刀打ちできず、中国や北朝鮮が開発してきた極超音速ミサイルや変則的な軌道で飛行する弾道ミサイルを捕捉して迎撃することも難しくなる。

図2-2　主要国の防衛費（2021年度）

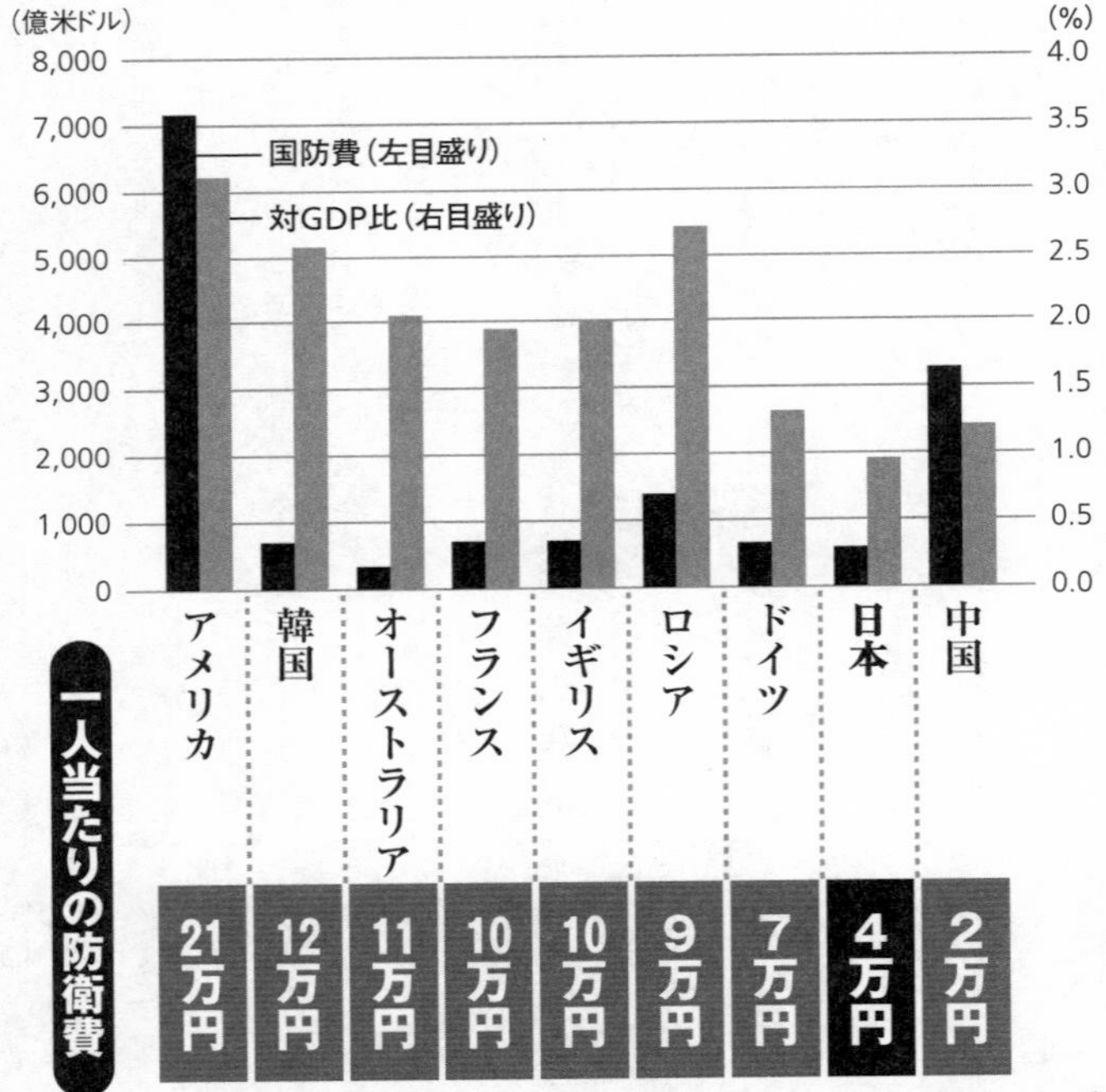

出典：2022年版『防衛白書』　※日本の金額は当初予算のみで補正予算は含まず。

日本の二〇二二年度の防衛費は補正予算を加え、史上初めて六兆円台に突入したが、本予算だけで言うと、近年、五兆円前後で推移してきた。

防衛費はＧＤＰ（日本のＧＤＰは年間五七〇兆円程度）の一％以内に抑えるという不文律が存在してきたためだ。

政府が示した二〇二二年度の「骨太の方針」では、外交・安全保障の強化を盛り込み、防衛力を五年以内に抜本的に強化するとしている。

その後、欧米などＮＡＴＯ加盟国に倣い、「ＧＤＰの二％」を目標に、防衛費の増額論議が交わされている。仮に実現すれば、日本の防衛費は一気に五兆円も増えて十兆円を突破することになる。

これには、筆者が身を置くマスメディアの世界でも異論が相次いでいる。

一つは、ＮＡＴＯ加盟国と日本とでは事情が異なる点だ。

ＮＡＴＯでは、締約国が武力攻撃を受けた場合、全締約国に対する攻撃と見なし、集団的自衛権を行使することが求められている。日本の場合、そうはいかない。

ＮＡＴＯと日本とでは、ＧＤＰ比の算出方法にも違いがある。

ＮＡＴＯ加盟国の国防費には、退役軍人年金や日本の海上保安庁に相当する沿岸警備隊の経費、PKO（国連平和維持活動）への拠出金なども含まれるが、日本はこれらを除外して計算している。日本もNATOの基準で計算すれば、防衛費はGDP比で一・二%を超えていて、「もう十分ではないか」という声があるのだ。

もう一つが、「防衛費に回すなら医療費や教育費に回せ」という意見である。

> ◇防衛費に上乗せする五兆円を別の用途に使えば可能になること
> ・消費税率を二%引き下げることができる＝約四・三兆円
> ・年金受給者一人当たり年間十二万円を追加支給できる＝約四・八兆円
> ・医療費の窓口負担をゼロにできる＝約五・二兆円

こんなことができれば夢のような社会になる。筆者もそれを望みたい。

とはいえ、中国の国防費が年間で二六兆円を超えている事実を思えば、トランプ政権時代からアメリカが日本をはじめ同盟国に求めてきた「GDPの二%」というラインは、五年を待たずクリアしておきたいところである。

安倍の死で高まるリスク

「自分で努力しない国に手を差し伸べてくれる国はどこにもない。日本とアメリカの間には強固な同盟関係があるが、何もしない日本のために戦うことに、アメリカ国民の理解を得ることができるだろうか」

二〇二二年七月六日、元内閣総理大臣、安倍晋三は、時折、小雨が降る蒸し暑い横浜駅西口で、参議院選挙の応援演説に立った。

そして、憲法の中に自衛隊をきちんと位置づけることの重要性と防衛費の大幅な増額を、駅前を埋め尽くした聴衆に向けて熱く訴え続けた。

安倍は、通算三一八八日に及んだ総理退任後、自民党内で保守派と呼ばれる勢力の要となってきた。防衛費増額に関しても、

「まず七兆円を視野に、国債を発行してでも大幅な増額を」

との論陣を張って世論をリードしてきた。

この日の演説も、アメリカ頼みだけでなく、「まず日本が憲法を改正し、防衛費を増やして努力することが不可欠」と説く、安倍らしいメッセージとなった。

その安倍が、奈良市の近鉄大和西大寺駅前での応援演説で凶弾に倒れて亡くなったのは、

横浜駅西口での演説から二日後のことだ。

安倍の死を受け、習近平は次のような弔電を岸田宛てに送っている。

安倍元総理は在任中、中日関係の改善推進に努力し、有益な貢献をした。私と彼とは、まさに新時代が要求する中日関係を築こうと、重要な共通認識に至ってきた。彼が突然、世を去ったことに、深い悲しみを覚えている。（抜粋）

考えてみれば安倍と習近平は、ともに二〇一二年、それぞれの国のトップに就任（安倍は再び総理に返り咲き、習近平は総書記に就任）している。その意味では首脳としての同期であり、ライバルでもある。

その年は、日本で野田内閣が尖閣諸島の国有化を宣言し、日中国交正常化四〇年関連の式典が全て吹き飛んだ年に当たる。

当時の中国共産党系の有力紙「環球時報」（十二月二九日付）は、翌二〇一三年に起こり得ることとして「中国と日本との海戦勃発」を掲げたほどである。

その年の暮れに総理に返り咲いた安倍は、アメリカのオバマ、トランプ両大統領と親密な関係を築くことに成功した。

オバマ政権時代にはＴＰＰ（環太平洋経済連携協定）に加盟し、トランプ時代にも、トランプの趣味であるゴルフに四度も付き合うなど、気難しい性格に合わせることで日米同盟を強固なものにしてきた。

中国に対しては、胡錦濤時代の二〇〇六年十月、第一次安倍内閣発足直後の外遊先として中国を選び、「戦略的互恵関係」の流れを作った。

習近平との間では、二〇一四年十一月、尖閣諸島問題で不測の事態を避けることなどで合意し、二〇一八年十月には、新たな時代の関係構築に向け、「競争から協調へ」「互いに脅威とはならない」「自由で公正な貿易体制を発展」という三原則を提起した。その一方で、中国がどう反応しようと靖国神社への参拝は継続した。

対する習近平も、二〇一三年七月、国家海洋局の中国海監や公安部の辺防海警部隊など四つの部局を統合して中国海警局を発足させた。

同年十一月には、尖閣諸島海域一帯に防空識別圏を設け、山東省青島の北海艦隊基地を視察した習近平は、「戦闘能力を高めて攻撃ができるようにし、戦争に勝つ」

などと述べて軍の幹部を鼓舞している。

さらに、オバマ政権時代には、中国とフィリピン、ベトナムの間の南沙諸島海域に七つもの人工島を造成し、戦闘機や爆撃機が離発着できる三〇〇〇メートル級の滑走路をはじめ、管制施設やレーダー施設を次々と建設していった。

また、二〇一三年には、TPPに対抗する形で、中国と中央アジア、中東、ヨーロッパなどを結ぶ広域経済圏構想を提唱し、「一帯一路」として定着させたほか、二〇一五年には、日米が主導するADB（アジア開発銀行）に対抗して、AIIB（アジアインフラ投資銀行）を発足させ、途上国に対する指導的立場を強化していった。

こうして振り返ると、安倍と習近平がトップに就任してからの十年は、日中両国が経済と安全保障の両面で駆け引きを繰り広げた時期と言えるだろう。

しかし、安倍は非業の死という形でこの世を去った。これまで、日本の経済や安全保障は、積極財政派で保守派の安倍が旗を立て、それを調整する形で政策の立案が行われてきた。それが安倍の死以降は、財政規律派で穏健派の岸田が担うことになる。

二人の政策は相容れない。現に岸田は、二〇二二年六月十七日、閣議で、安倍の首相秘書官を六年半近く務めた防衛事務次官、島田和久の退任を決定した。その前日、安倍が岸田に直談判し、留任を強く求めたにもかかわらず、である。

島田は、安倍が描く防衛費「GDPの二%」の旗振り役を担うと目された人物で、その退任は、岸田による安倍からの「独立宣言」に見えたものである。

岸田は、防衛費増額に関して、「向こう五年で段階的に」であり、「数字ありきではなく必要なものを精査したうえで」とする考え方だ。

外務など重要閣僚の経験は豊富だが、一国のリーダーとしてのカリスマ性は安倍には及ばず、この先、アメリカと上手く付き合いながら、老獪《ろうかい》な習近平と対峙できるかと言えば不安が残る。

逆に、安倍の葬儀を国葬としたように、党内保守派を取り込もうと、憲法改正作業などを急ぎ、政策そのものが右傾化するリスクも孕んでいる。

日本はすでに戦時下

筆者が、安倍が唱えてきた防衛費増額に同調する理由は二つある。

一つは、第一章で述べたように、八重山諸島など島嶼部の防衛と住民避難のための備えにコストをかけてほしいという点である。

そしてもう一つは、近年、戦争の形、戦争の捉え方が変化し、その対応に費用がかかるという点だ。

かつては平時と戦時を分けるというシンプルな考え方であったが、アメリカ海軍などは、日々の競争↓危機↓紛争、と段階的に捉えるようになった。

アメリカ陸軍も、戦争に至る期間を競争と紛争に分け、昔でいうところの平時を、相手国と競争している期間と解釈している。これはアメリカ空軍も同様である。

ロシアによるクリミア半島併合やウクライナ侵攻を見ても、実際に空爆や砲撃を始める前の段階、いわゆる「グレーゾーン」の期間が存在する。

二〇一四年三月に起きたクリミア半島併合で言えば、ソチ冬季五輪が閉幕して四日後、突如としてクリミア全域のテレビやラジオが使えなくなった。

電話もインターネットも使えなくなり、住民たちが「何が起きているのか」とうろたえる中、正体不明の武装勢力が、議会、行政施設、メディア、通信施設などを次々と占拠し、ロシアはこれといった戦闘をすることなく、半島全域を手中に収めた。

ウクライナ侵攻でも、事前に工作員を潜入させ、「ウクライナがロシア系住民に攻撃を仕掛けてきた」との情報を流させ、ウクライナ軍の無線通信やGPS（衛星利用測位システム）の利用を電波妨害で遮断するなど、周到な準備を重ねている。
これが台湾だとどうだろうか。

台湾本島の東側は山々が連なる天然の要害で、北西と南西地域にしか大部隊を上陸させられる海岸線がない。

そのため、中国軍が犠牲を減らそうと思うなら、「グレーゾーン」の期間を長くし、その間に、蔡英文政権に対するデマを流す、工作員を潜入させて独立派を扇動し、軍事介入する口実を作らせるなど、様々な仕掛けが必要になる。

尖閣諸島併合に関しても、中国軍ではなく武装した漁民が押し寄せる、沖縄のアメリカ軍を電磁波攻撃で動けなくするといった動きを見せるはずだ。

この期間はとても平時とは言えない。とはいえ戦時とも言い切れず、「グレーゾーン」と分類するほかない。台湾側は、中国の仕業だと断定できず、目に見える攻撃も受けてはいないため、軍も反撃できない。

日本で言えば、安全保障関連法で定める「重要影響事態」に該当するかどうかの判断が微妙で、自衛隊を防衛出動させることは不可能だ。

アメリカ軍も警戒こそすれ、この程度で鎮圧に軍を派遣することはないため、海上保安庁や沖縄県警だけで対処を迫られることになる。

こうした「グレーゾーン」の状態が長く続くのが現代の戦争であり、それに対処するには、防衛費の増額が不可欠になるのである。

一九九九年に発表された、中国軍の二人の大佐、喬良《きょうりょう》と王湘穂《おうしょうすい》による戦略研究の共著『超限戦』（KADOKAWA）では、平時と戦時、軍事と非軍事の境界を曖昧にする手法が、二一世紀の戦争の形だと説明している。

この書は、中国軍の公式文書ではないが、

「戦争以外の戦いで勝ち、戦場以外の場所で勝利を得る」

という中国軍の兵法が端的に表されている。この考え方は、「戦わずして勝つ」という孫子の兵法にもつながるものだ。

中国軍が台湾や尖閣諸島に侵攻する場合、空爆や上陸作戦を開始する前に、貿易戦や金融戦、そして外交戦といった非軍事の戦いを仕掛け、情報戦、サイバー戦、電子戦といった軍事と非軍事の境界が見えにくい手法で揺さぶりをかけてくると想定される。これは、軍事攻撃に入る前に絶対的優位な状況を作り出すためだ。

詳しくは後述するが、中国で二期目の習近平指導部がスタートした二〇一七年十月、中

国共産党大会で、習近平は、

「態勢を作り、危機をコントロールし、戦争を抑止し、戦争に勝つことができるようにする」

と述べ、「中国の夢、強軍の夢を目指す」と宣言した。

この言葉にも、「グレーゾーン」を作り出し、最も警戒するアメリカ軍に出撃の口実を与えず、戦火を交える前に様々な戦いを仕掛け、台湾と尖閣諸島を獲るという決意がにじみ出ている。もちろん、その仕掛けはすでに始まっている。

これが、「はじめに」で述べたオールドメイン戦（全領域戦）であり、日本としては、すでに戦時下と考え、この対策にコストをかけなければならない理由である。

オールドメイン戦

中国軍事科学院が編纂した『戦略学』（二〇一三年版）では、現代の戦争について次のように説明している。

「軍事力による作戦体系だけではなく、政治、経済、法律、世論等を含む戦争体系を含んだ、全ての要素と全ての体系からなる体系の対抗であり、戦争の勝敗は、システム機能の高低で決まる」

この考え方こそ、全ての領域にまたがる手法で相手国を揺さぶる、中国によるオールドメイン戦の基盤となるものである。

「バイデンは日本の防衛にも『コミットする』と言ってくれている。日米安全保障条約があるのだから、アメリカに任せておけばいい」

「日本が有事に巻き込まれないためには、防衛費増額より外交努力が先」

筆者も長く国際情勢を取材してきたので、このような論調は十分理解できる。また、

「抑止力を強化しすぎれば、周辺国との緊張を生む」

という意見も的を射た指摘だと感じてきた。

しかし、オールドメイン戦に備えるにはコストがかかる。理想論だけでは済まされない現代の戦争の特徴を簡単に整理しておきたい。

◇情報戦
中国の軍事作戦は、物理領域と情報領域が軸。物理領域は武器を使った従来の作戦。情報領域は、工作活動、心理工作、世論誘導、サイバー戦、電子戦、ＡＩ（人工知能）

を駆使した攻撃や指揮官の意思決定、相手の思考や行動を変える認知戦などにまたがり、これらを駆使した情報戦は、中国軍が最も重視している手法。

二〇一六年のアメリカ大統領選挙では、ロシアがヒラリー・クリントン候補を落選させる目的で、彼女にとって不利となる偽情報を大量にSNSなどを通じて流布した。「ワクチンを打てば不妊の原因になる」や「トイレットペーパーが品薄になります」など、ツイート一つで多くの市民が踊らされかねない現代のフェイク情報社会。これが戦争となると、このレベルでは済まない。

◇サイバー戦

情報戦の中の一つ。インターネット、インターネットに接続されているネットワーク、スマートフォンなど電子機器が作り出す人工空間を利用し、相手の情報を収集し、分析する手法。

ハッキングのほか、ソフトを利用し、相手のシステムへの侵入、情報の窃取、システムの機能不全化などを行い、自国の作戦遂行に有利な状況を作り出す攻撃。

サイバー攻撃には平時など存在しない。常にアップデートされた技術を用いて攻撃を受けることに対しての防衛が必要。

ちなみに、イギリスのIISS（国際戦略研究所）による二〇二一年時点での分析では、サイバー戦能力の一位はアメリカで第二グループが中国など。日本はイランや北朝鮮と同レベルの最下層。

◇電子戦
相手の通信機器に強力な電波や偽の電波を発信して妨害する。相手の戦闘機や戦車、発射されるミサイルに電磁波を照射し、機能できなくする。あるいは、自国の装備品のステルス化や周波数変更によって敵からの攻撃を受けにくくする。

二〇一六年十一月、キューバの首都ハバナでアメリカとカナダの大使館員が、耳鳴りやめまいに襲われた。二〇二一年八月には、アメリカ合衆国副大統領、カマラ・ハリスがベトナムを訪問した際、随行員が同様の症状に見舞われた。その原因は明確ではないが、電磁波攻撃ではないかとの指摘も相次いだ。

今や戦闘機一機が一〇〇億円では買えず、F35戦闘機が一二〇億円もする時代である。

装備品の購入にもコストがかかるが、オールドメイン戦に対処するためには、防衛費の増額は避けられないところである。

サイバー防衛隊と宇宙作戦隊

「発足した部隊は、サイバー領域における能力強化の重要な柱だ」

二〇二二年三月十七日、防衛省は当時の防衛大臣、岸信夫が臨時会見を開く形で、「自衛隊サイバー防衛隊」の発足を発表した。

自衛隊にサイバー専門部隊が設けられたのは二〇一四年のことだ。自衛隊は、サイバー空間への脅威が急速に高まっているのを受けて、陸海空、三つの自衛隊のサイバー関連部隊を再編したのである。

ただ、これをオールドメイン戦に備えるうえで大きな前進と受け止めるのは早計である。これには大きな課題、というよりも欠陥があるからだ。

自衛隊のサイバー部隊は、自衛隊に対するサイバー攻撃から守るための部隊で、自衛隊以外に対するサイバー攻撃を防衛する任務は与えられていないという点だ。

サイバー攻撃の代表的なものとして、国内の電力会社のネットワークや航空管制システムが乗っ取られるといったようなケースが想定されるが、これらの攻撃で標的にされるのは民間企業である。そこへの防護が想定されていないのだ。

アメリカでは、平時からサイバー軍が民間の重要インフラも防御しているが、自衛隊サイバー防衛隊の場合、平時に重要インフラを守ることはできない。

加えてマンパワーの問題もある。近隣諸国と比べ、あまりにも貧弱なのだ。

◇サイバー部隊の人数比較（二〇二一年版『防衛白書』より抜粋）

・日本＝自衛隊サイバー防衛隊　五四〇人。

・中国＝サイバー戦部隊（十七万五〇〇〇人）の中に攻撃専門部隊（三万人）を擁する。

・北朝鮮＝サイバー戦部隊（六八〇〇人）。

・ロシア＝軍参謀本部情報総局（ＧＲＵ）や連邦保安庁（ＦＳＢ）がサイバー攻撃に関与しているが、軍のサイバー部隊一〇〇〇人の存在も指摘される。

筆者が考える最大の欠陥は、ここでも目に見える武力攻撃と同様に、「専守防衛」という縛りが効いている点だ。

物理的手段による攻撃と同様の極めて深刻な被害が生じ、組織的・計画的に行われていることが判明してはじめて、自衛隊のサイバー防衛隊は反撃できるのだ。

たとえば、二〇二一年に開催された東京五輪では、実に四億五〇〇〇万回ものサイバー攻撃を受けたと言われているが、その攻撃がどういうものかは、発信元を特定し、相手のネットワークやサーバーに侵入しなければわからない。

攻撃意図が判明した場合、攻撃を受ける前に相手のネットワークを無力化しなければ再攻撃を抑止できず、被害はさらに拡大することになるが、「専守防衛」を堅持する以上、反撃できるのは、サイバー攻撃によって原発の原子炉溶融が始まったり、航空機の制御が利かなくなったりしてから、ということになってしまう。

宇宙からのセンサー攻撃などへの備えも不十分だ。

自衛隊には、二〇二〇年五月十八日、航空自衛隊の中に「宇宙作戦隊」が設けられたが、二〇人態勢という極めて小規模な組織である。

対する中国には、毛沢東時代の一九五〇年代から「両弾一星」(両弾＝原爆と大陸間弾道ミサイル、一星＝人工衛星)というプロジェクトが存在し、今では、サイバー戦や電子戦と並んで、宇宙戦でもアメリカを凌駕する勢いとなっている。

ロケットや人工衛星を製造しているのは、中国航天科技集団と中国航天科工集団の二つの企業だが、発射など実務を担当しているのは中国軍である。

もちろん、アメリカも、トランプ政権時代、「宇宙軍」を発足させるなど、宇宙における競争力を強化しているが、日本は周回遅れの感が否めない。

その原因は、憲法九条に起因する「宇宙の平和利用」という考え方の存在である。

「わが国における地球上の大気圏の主要部分を越える宇宙に打ち上げられる物体及びその打ち上げロケットの開発及び利用は、平和の目的に限る」

これは、一九六九年五月九日、衆議院本会議で決議されたものだが、この考え方は、北朝鮮の弾道ミサイル、テポドンの発射によって修正され、二〇〇八年五月二八日に公布された「宇宙基本法」によって、ようやく「防衛的な宇宙利用は宇宙の平和利用」と言い換えられるようになった。

その後、二〇一〇年十二月に決定された「防衛計画の大綱」（二二大綱）で「宇宙空間を使って情報収集をする」と明記され、二〇一三年、二〇一八年と改定が進むたびに、宇宙、サイバー、電磁波といった新しい領域における優位性の確保が、宇宙開発の目的として盛り込まれるようになった。

こうして考えると、日本の防衛は日本自らが備えを進めることが重要で、日米安全保障条約だけでは守り切れない現実が見えてくるのではないだろうか。

安倍ドクトリンと安全保障法制

今度は法制面を見ていこう。

日本は、一九五一年のサンフランシスコ講和条約と日米安全保障条約締結以降、当時の総理大臣、吉田茂が打ち出した吉田ドクトリンを国家戦略としてきた。

吉田ドクトリンは、冷戦時代のソ連の侵攻を前提に打ち出されたものである。

その中身は、武力行使を個別的自衛権にとどめ、専守防衛に徹し、安全保障の多くをアメリカに担ってもらおうとするもので、アメリカからの軍備増強や駐留費負担増額などの要求には、憲法第九条の存在を理由に可能な限り値切り、日本は経済成長と経済発展を最優先課題として取り組むという都合のよいものであった。それでも、「軽武装」「経済優先」という吉田の方針は、長く日本の国是となってきた。

しかし、この十数年の間に日本を取り巻く国際環境は大きく変わった。

超大国だったソ連はなく、後継のロシアよりも中国の軍事的脅威が増した。北朝鮮も最高指導者が金正日《キムジョンイル》から金正恩《キムジョンウン》に交代し、挑発を続けるようになった。

対する日本は、二〇一〇年、GDPで中国に抜かれ、世界第二位の経済大国の座を明け渡した。軍事的には北朝鮮と中国の脅威に直面している。

日本の同盟国であるアメリカも、イラクやアフガニスタンで多大な犠牲と戦費を払いながら両国に平和をもたらすことには失敗し、アメリカ単独では何も解決できないという現実を国際社会にさらけ出した。こうした中で登場したのが、安倍ドクトリンである。

安倍ドクトリンの基本方針は、二〇一三年十二月十七日、安倍晋三内閣時代に閣議決定された「国家安全保障戦略」である。

それまでは、安倍晋三の祖父、岸信介が一九五七年五月二〇日に閣議決定して以降、半世紀以上にわたって「国防の基本方針」が防衛政策の柱となってきたが、それを改めたのが安倍であった。

◇国家安全保障戦略の概要（内閣官房HPより抜粋）

・国家安全保障の基本理念＝国際協調主義に基づく積極的平和主義。

・我が国がとるべき国家安全保障上の戦略的アプローチ＝実効性の高い統合的な防衛力の効率的整備、海洋監視能力の強化、サイバー攻撃への対応能力の強化。
・日米同盟の強化＝日米での抑止力や対処力の向上のほか、韓国、オーストラリア、インドなど普遍的価値や戦略的利益を共有する国々との関係強化。

国際政治学者の加藤朗は、著書『日本の安全保障』（筑摩書房）の中で、

「（吉田ドクトリンが）武力行使を個別的自衛権だけに限定する消極的、守勢的、内向的、抑制的な専守防衛を志向しているのとは対照的に、後者は（安倍ドクトリンは）集団的自衛権の行使を限定的にではあるが容認する積極的、攻勢的、外向的、促進的な集団防衛を志向している」

このように二つのドクトリンの違いを分析している。

安倍による安全保障に関する国家戦略の大転換は、翌二〇一四年の集団的自衛権行使容認の閣議決定、さらには、二〇一五年の安全保障法制の整備へとつながっていった。

「日本を戦争できる国にする気か？」

との批判は現在もある。しかし、筆者はこれでようやく、台湾有事などの際、日本全土

が有事となるリスクを最小限に食い止める素地ができたと評価している。

変わる専守防衛と集団的自衛権

日本は、憲法に第九条が存在するため、自衛隊の位置づけが曖昧で、「違憲だ」「矛盾がある」といった批判にさらされてきた。

第九条の第一項に「戦争の放棄」、第二項に「戦力の不保持」と「交戦権の否認」が明記されているにもかかわらず、近代兵器を備え、世界でも常に五番目か六番目にランクされる軍事力が存在するからだ。

そこで、「自衛隊の第九条への明記を含めた憲法改正」を主張してきた安倍は、二〇一四年七月一日の閣議で、「武力行使の新三要件」を決定した。

専守防衛を基本としながらも、自衛隊を活用して、主権国家としての固有の自衛権を、積極的に、しかも攻勢的に行使できるよう先鞭をつけたことになる。

◇武力行使に関する新三要件

・わが国に対する武力攻撃が発生したこと、またはわが国と密接な関係にある他国に対する武力攻撃が発生し、これによりわが国の存立が脅かされ、国民の生命、自由および幸福追求の権利が根底から覆される明白な危険があること。
・これを排除し、わが国の存立を全うし、国民を守るために他に適当な手段がないこと。
・必要最小限度の実力行使にとどまるべきこと。

そして、二〇一五年九月十九日、平和安全法制とも呼ばれる安全保障法制が成立したのである。

◇安全保障法制の骨子
・集団的自衛権を認める。
・自衛隊の活動範囲や、使用できる武器を拡大する。
・有事の際に自衛隊を派遣するまでの国会議論の時間を短縮する。
・在外邦人救出やアメリカの艦船の防護を可能にする。
・武器使用基準を緩和する。

主権国家である日本は、個別的自衛権（自国が攻撃されたら防衛のために戦う権利）と集団的自衛権（同盟国が攻撃されれば、それを自国への攻撃と見なし、加勢する権利）を有している。

この二つの権利は、国連憲章第五一条に明記されているものだ。

日本はこのうち集団的自衛権について、憲法第九条の認める自衛の範囲を超えるとして自らを縛ってきた過去がある。安全保障法制はこの縛りを解くものであった。

考えてみれば、これまで日本は、アメリカと日米安全保障条約を結びながら集団防衛という体裁を整えてこなかった。

集団防衛の際には、同盟国として相互を助け合う集団的自衛権の行使が必要となるにもかかわらず、日本は相手から攻撃を受けたときのみ防衛力を行使するという「専守防衛」路線を頑なに守ってきた。

アメリカは日本を守れても、日本はアメリカを守れない。二国でともに武力行使に及ぶことになった場合でも、日本は個別的自衛権、アメリカは集団的自衛権と別々の法的根拠に基づいて対処しなければならないというのでは、指揮権の統一すら危ぶまれる。

安倍内閣で二度、防衛大臣を務めた小野寺五典は筆者の取材にこう語っている。

「日米で共同軍事演習を重ねてきたにもかかわらず、有事の際に合同作戦司令本部を設けることすらできない。台湾有事に備えて、台湾での日米合同訓練もできない」

安全保障法制の成立は、中国だけでなく北朝鮮、さらには北方のロシアの脅威も考えれば前進ではあったが、まだまだ「できない」ことだらけである。

この先、運用面での見直しがなければ、有事への対処力が乏しいことになりはしないだろうか。

防衛問題を語る際、しばしば使われる抑止力という言葉は、有事の際、対処する力となってこそ機能するのである。

日本独自で「日本有事」への備えを

「ロシアによるウクライナ侵攻は、中国が台湾を侵略するシナリオを現実的なものにした。台湾侵略が起きればアメリカ軍が出動し、自衛隊もアメリカ軍を防護する。日本がある程度巻き込まれることにならざるを得ない」

こう述べたのは、安倍内閣で外務大臣や防衛大臣、菅内閣で沖縄・北方対策担当大臣を務めた自民党の河野太郎である。二〇二二年四月四日のことだ。

河野が述べたように、アメリカ軍がすぐに出動するかどうかは前述したとおり微妙なところだが、「台湾有事＝日本有事」との見解には全く異論はない。

繰り返して言えば、中国は尖閣諸島を「台湾省の一部」と考えているため、これも併せて獲りにくる。そうなれば日本は当事国になってしまう。

そうなる場合に備え、日本としては中国の侵攻に対処できる法整備が必要になる。

一つが、海上保安庁法の改正である。

中国の海警局の艦船と対峙する海上保安庁は、海上保安庁法第二条の任務規定に基づき、二四時間態勢で尖閣諸島の周辺海域で領海警備に取り組んでいる。

この規定には、その役割として「海上における犯罪の予防及び鎮圧」「海上の安全及び治安の確保を図る」と明記され、武器の使用に関しても、「警察官職務執行法」を準用し、正当防衛と緊急避難のほか、凶悪な犯罪に対しては、殺傷を伴う危害射撃が認められている。

ただ、海警局の艦船が、武器の使用を含むあらゆる措置の実行を中国政府から法的に担保されているのとは対照的に、海上保安庁は、国内法の警察権に基づき、犯罪を制圧するために必要な範囲でしか行動できない。

また、海洋の国際規範である「国連海洋法条約」では、海警局のように武装した艦船は軍艦と同様に国家そのものと見なされ、「第三国の警察権を適用することはできない」と定められているため、「海の警察」でしかない海上保安庁が、海警局の艦船に現在の権限で対処するには、どうしても限界が生じてしまうのだ。

まず、これを海上保安庁が自衛権を行使できる仕組みに改めなければならない。

たとえば、アメリカの沿岸警備隊（Coast Guard）である。沿岸警備隊は国防総省ではなく国土安全保障省に属する組織だが、警察権に加え、悪質な主権侵害に対して、自衛権に基づき武器を使って排除する権限が与えられている。

度重なる主権侵害は国家の危機と判断し、警戒監視→武力で排除、という流れが合衆国法典で認められているのだ。

そこには平時とか戦時といった概念はなく、現実に起きている状況や事態に即応して行動することが「是」とされている。

日本の場合も、安全保障法制で定義された「重要影響事態」などの局面に対処する行動は全て自衛権とするべく法改正を急ぐべきだ。

そこで問題となるのが、海上保安庁法第二五条である。条文では、

「この法律のいかなる規定も海上保安庁又はその職員が軍隊として組織され、訓練され、又は軍隊の機能を営むことを認めるものとこれを解釈してはならない」と定め、海上保安庁が軍隊として行動することを禁止している。

これを、いざというとき、自衛隊だけでなく海上保安庁も対応できるよう、加筆修正することも喫緊の課題である。

同じことは自衛隊にも言える。

日本では、海上保安庁では手に負えない事態が発生した場合、内閣総理大臣が自衛隊に対して海上警備行動や治安出動を命じることができるようになっている。

しかし、ここでも憲法上の制約から、自衛隊の武器の使用基準は、「警察官職務執行法」を準用し、相手に危害を与えるような武器の使用は、正当防衛や緊急避難などに限定されている。これでは海警局の艦船に太刀打ちできない。

加えて言えば、海警局の艦船や中国軍などが尖閣諸島に上陸するなどの有事となって初めて現地に展開するのでは遅く、「上陸しそう」という段階で周辺海域に出動し、中国側の動きを阻止できる根拠法も不可欠になる。いわゆる領域警備法である。

領域警備法に関しては、二〇二一年六月三日、立憲民主党が国会に法案を提出している。

「尖閣諸島がわが国固有の領土であることは、歴史的にも国際法上も疑いのないところであり、現にわが国はこれを有効に支配しており、お尋ねのような可能性があるとは考えていない」

とは、二〇一〇年十月十九日、立憲民主党の前身である民主党政権時代、内閣総理大臣、菅直人が、自民党衆議院議員、高市早苗の質問に答えた答弁書の文言だが、当時の民主党政権があまりに能天気だったこと、そして、この十数年間で一気に緊張が高まったことを感じざるを得ない。

後に、岸田政権下で自民党政調会長となった高市は、当時と同様、領域警備の重要性を主張している。

海上保安庁や自衛隊の武器使用基準見直しや領域警備法の整備などは、防衛費を増額しなくてもできる話である。

平時と有事の境界線が曖昧になり、「グレーゾーン」の事態が長く続く今の時代だからこそ、機動的に対処できる仕組みは早期に作っておきたいところである。

機動的に対処できる仕組みとして国会で論議されているのが敵基地攻撃（反撃能力）論である。

敵基地攻撃能力の是非

敵基地攻撃能力の保持に関しての議論は古く、一九五六年二月二九日、衆議院内閣委員会で当時の防衛庁長官、船田中《ふなだなか》が、内閣総理大臣であった鳩山一郎の答弁を代読した時点までさかのぼる。

「わが国に対して急迫不正の侵害が行われた場合、座して死を待つべしというのが憲法の趣旨とするところだとはどうしても考えられない」

「他に手段がないと認められる限り、誘導弾等の基地をたたくことは、法理的には自衛の範囲に含まれ、可能であるというべきものと思う」

この鳩山の答弁は、「専守防衛」の下でも敵基地攻撃能力は保有できるとの見解を示したものだ。

また、一九九九年二月九日、衆議院安全保障委員会においても、当時の防衛庁長官、野呂田芳成が同様の考えを示した。

「他に手段がない場合に、敵基地を直接攻撃するための必要最小限度の能力を保持することも法理上は許されるものと考える」

しかし、実際には「破壊のためのみに使用される兵器の保持は許されない」として、二〇二一年十月四日に岸田内閣が発足するまでの間、議論は進まず、パトリオットミサイル（PAC3）やスタンダード・ミサイル3（SM3）など迎撃ミサイルの配備は続いたものの、「撃たれてから撃つ」という姿勢を取り続けてきた。

一方、日本に脅威を与えている中国は、迎撃が難しい極超音速ミサイルの開発に成功した。北朝鮮も、新型のICBM（大陸間弾道ミサイル）だけでなく、移動式のミサイルも開発し、探知や迎撃はますます困難な状況となってしまっている。

本来であれば切り札となるはずであったイージス・アショア（陸上配備型迎撃ミサイルシステム）の配備が、地元自治体の反対などで頓挫した今、敵基地攻撃能力の是非を問う段階ではなく、いつ導入し、いかに運用するかを議論すべきステップに入ったと考えるべきだ。

筆者は、二〇二二年五月三日、担当する全国ネットのラジオ報道番組で、共産党委員長、志位和夫のインタビューを放送した。

志位は、取材に行かせた同僚記者に、有事の際は自衛隊の動員も含めて主権と命を守る

のが政治の役目だと述べたうえで、

「相手が軍事で来たら、こちらも軍事で構えるとエスカレーションに陥る。軍事対軍事という構図から抜け出すためには、外交でいかに平和を創出するか知恵を絞らないといけない」

と語っている。

これも一つの見識ではあるが、筆者は外交努力と並行して、相手にミサイルを撃たせないための装備、具体的には、相手のレーダーや司令部などを叩くことができる能力、長距離ミサイルなどの増備は、自衛権として保持すべきだと思っている。

北海道有事にも備えよ

「日本の防衛力を五年以内に抜本的に強化し、防衛費の相当な増額を確保する」

二〇二二年六月十日、岸田文雄がシンガポールで開催されたアジア安全保障会議で述べた言葉である。

台湾有事や尖閣諸島有事を想定すれば、日本にとって最大の脅威は中国になるが、ロシアもウクライナ侵攻以降、日本を「非友好国」と見なし、航空機や艦船を南下させ、示威行動を繰り返していることに注目すべきだ。

日本ではあまり報道されなかったが、二〇二二年四月一日、ロシアの政党「公正なロシア」の党首、セルゲイ・ミロノフが、「ロシアは北海道の権利を有している」と述べたことは、北海道有事があながち絵空事ではないことを物語っている。

ロシアは東部軍管区（極東）に約八万人の兵力を有している。旧ソ連時代に比べれば五分の一に縮小されたとはいえ、艦船二〇隻、航空機三二〇機も保持している。

一方、陸上自衛隊北部方面隊の兵力は三万人。この中には精鋭と呼ばれる第二師団も含まれ、航空自衛隊や海上自衛隊も加えれば、戦力で見劣りはしない。

もちろん、ロシアはウクライナ侵攻で疲弊し、北海道に侵攻する余裕はないというのが識者の一致した見方だが、ロシアにとっては、北海道を含むオホーツク海一帯が手中に入れば、アメリカを核で威嚇できる。

そのためには、北方四島はもとより北海道の一部も制圧しておきたいという思惑もある。

日本としては、ロシアの脅威も視野に、次ページ図2-3のように新たな「国家安全保障戦略」を策定し、防衛力増強を「防衛計画の大綱」で示して、具体策を「中期防衛力整備計画」（中期防）にまとめて公表すべきだ。

図2-3　国家安全保障戦略の位置づけ

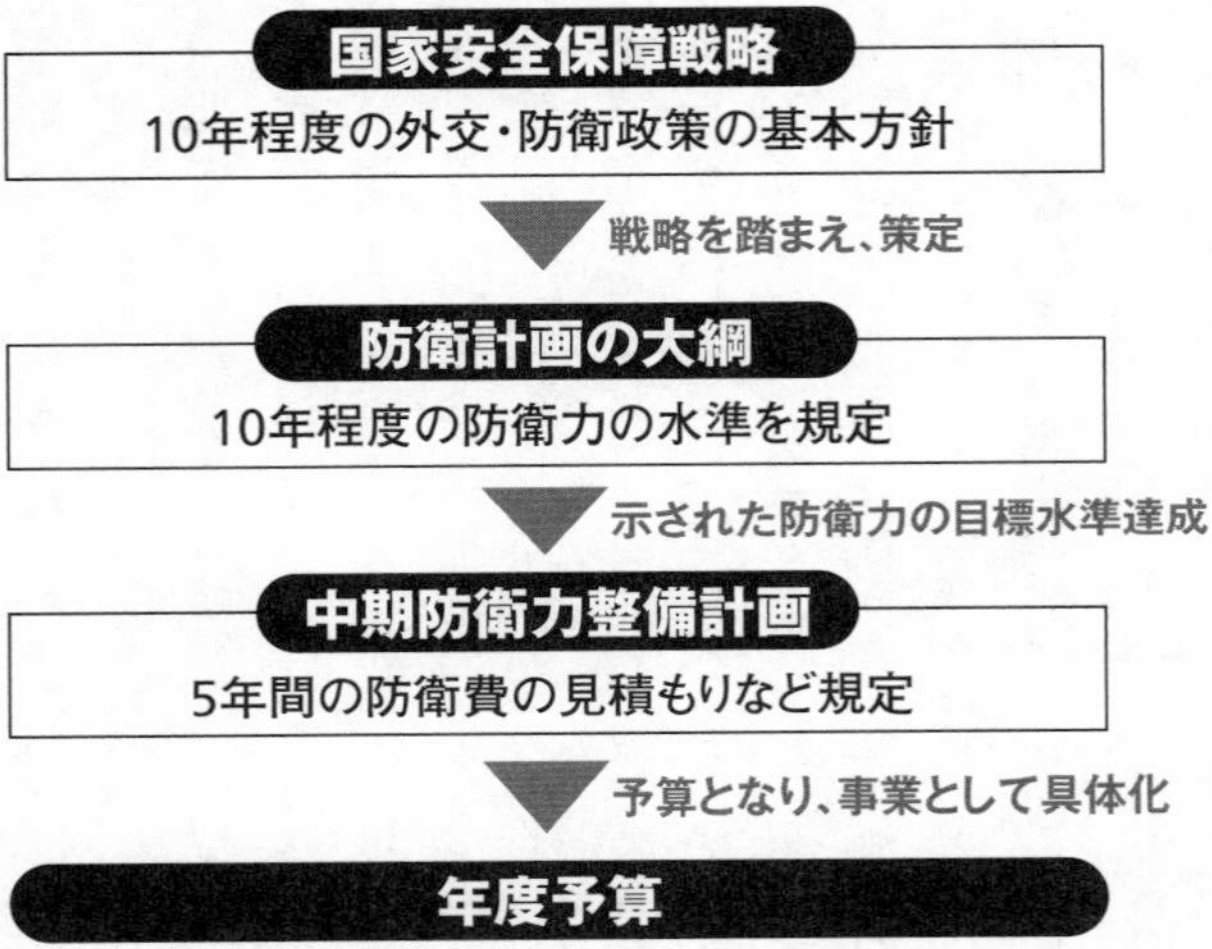

「国家安全保障戦略」「防衛計画の大綱」、それに「中期防衛力整備計画」は、「戦略三文書」と総称される。

国家安全保障戦略で今後十年程度の方向性を決め、大綱で防衛力の水準を示し、中期防で今後五年間の経費や軍事装備品の数量などを明確化するという流れになっている。

前述した元陸将、渡部悦和ら自衛隊OBや現役の制服組は筆者にこう語る。

「防衛費をGDP比二%にまで増やすという方向性を明示してほしい。二〇二二年版『防衛白書』では、中国やロシアの動きを『懸念』と表現したが、明確に『脅威』と書いてほしい」

『専守防衛』よりも大事なのは『アクティブディフェンス』（反撃能力を持つ防衛）。中国、ロシア、北朝鮮の手前、秘密文書にしてでも踏み込んでほしい」

これらの「戦略三文書」は、二〇二二年夏以降、改定作業が進み、本書発刊直後にまとまる。二〇二三年度の防衛費が総額いくらになるかも見えてくる。

防衛費は、概算要求の段階で過去最大の五兆五九四七億円に達し、具体的な金額を示さない「事項要求」も多数盛り込んでいる。

「事項要求」は、「あらかじめ金額の上限は決めないから、必要な額を算出して要求してくれ」というもので、最近では、二〇二一年度と二〇二二年度の予算編成で、新型コロナウイルス対策予算で認められている。

これを防衛費にも認めたことは、それだけ、台湾有事や尖閣諸島有事を日本有事としてとらえ、来年度予算案の編成で防衛力強化を重視している証左と言えるだろう。

概算要求では、敵のミサイル発射拠点などをたたく長射程の「スタンド・オフ・ミサイル」の配備、南西諸島など島嶼部の防衛に用いる「高速滑空弾」の量産、さらに陸上配備型迎撃ミサイルシステム「イージス・アショア」に代わる「イージス・システム搭載艦」の整備費などが盛り込まれた。

「事項要求」が最終的にどうなるかは本書執筆段階では不透明だが、攻撃型無人機の開発、宇宙やサイバー、電磁波といった新領域の研究開発費の増額も含め、一〇〇項目以上盛り込まれると見られる。そうなれば、二〇二三年度の防衛費は、六兆円台半ばに達する可能性が大きい。そして二〇二七年度まで、毎年一兆円ずつ上積みされると見られる。

先に述べた安倍の側近で前防衛事務次官の島田和久は、その退任の弁で、

「有事に戦えなければ抑止力とならず平和を守ることはできない」

と述べ、実際に戦うことのできる防衛力整備を強く訴えた。

筆者は、自衛隊ＯＢでもなければ、いわゆる「ネトウヨ」でもないが、日本有事を未然に防ぐためには、オールドメイン戦で役に立つ装備のための費用は、二〇二四年度以降の予算編成でも確保すべきだと思っている。

第三章　ウクライナ戦争と国際社会

アメリカが火をつけた戦争

台湾有事や尖閣諸島有事が生じ、その火の粉が日本全体に降りかかってきた場合、島嶼部の防衛面、住民の避難面はもとより、自衛隊の装備や法的な問題など様々な部分で「心もとない」と感じた方は多いだろう。

本章では、二〇二二年二月二四日に発生したロシア軍のウクライナ侵攻をベンチマーク（指標）とし、日本有事となれば、簡単には防衛できない実情を述べていきたいと思う。

まずは、頼みとするアメリカである。

日本との間には日米安全保障条約が存在し、有事となれば相応の支援が期待できるのは間違いない。とはいえ、有事発生直後には軍の兵員や家族の被害、あるいは最新鋭の武器への被弾を防ぐため、一旦、グアムかハワイまで退くという予測には触れた。

さらに気がかりなのは、アメリカは、トランプ政権からバイデン政権に移行した今も自国第一主義、言い換えれば、トランプが幾度となく発してきた「アメリカ・ファースト」の国という点である。

これを裏づけるのが、フランスの歴史学者、エマニュエル・トッドが、月刊誌の『文藝春秋』（二〇二二年五月号）に寄稿した一文である。

「この戦争は、『ロシアとウクライナの戦争』ではなく、『ロシアとアメリカ&NATOの戦争』。アメリカは自国民の死者を出さないために、ウクライナ人を『人間の盾』にしている」

と記述し、「ウクライナ戦争の責任はアメリカとNATOにある」と主張している。さらに、

「アメリカは常に戦争や軍事介入を繰り返してきた。戦争はもはやアメリカの文化やビジネスの一部になっている」

このように糾弾したのである。

また、アメリカの保守系ウェブサイト「The American Conservative」(二〇二二年四月十四日)には、レーガン政権で外交アドバイザーを務めたダグ・バンドウによる見解が掲載されている。

「アメリカとヨーロッパはウクライナを支援しているが、しかし、それは平和を作るためではない。それは、ウクライナ戦争を長引かせることに役立っている。最も憂慮すべきことは、ウクライナ国民が最も必要としている平和を、アメリカとヨーロッパは支持していないことだ」(筆者要約)

つまり、長期化し、泥沼化しているロシアとウクライナの戦いを、バイデン政権は国益にかなうものとして、むしろ望んでいると解釈することもできる。

実際、アメリカはロシアのウクライナ侵攻で、いくつもの「利」を得た。

第一に、軍需産業などが大儲けできたことだ。侵攻三か月の時点までで、軍事装備品と民生品を合わせ、支援総額は約六兆円に上る。これはトランプ政権時代、新型コロナウイルスワクチン開発に投下した二兆三〇〇〇億円の二・五倍に当たる。

アメリカを襲う急激な物価高は深刻な懸念材料だが、ヨーロッパ諸国が、ロシアへのエネルギー依存を見直す中、石油も天然ガスも自前で賄うことができるアメリカが、ヨーロッパ向けに輸出を増やせば、アメリカ経済はさらに持ち直すだろう。

二つ目は、バイデン政権がアフガニスタンからのアメリカ軍撤退で失墜した国際的な信用をある程度回復させることができた点だ。

実態は、トランプと同じ自国第一主義をとりながら、対ロシア、対中国で国際協調を声高に語ることでトランプとは一線を画し、「民主主義対専制主義」の戦いを鼓舞するリーダーとして、威信を取り戻すことに成功したからである。

三つ目は、ウクライナ戦争自体、アメリカが仕向けたようなもの、という点だ。

振り返れば、バイデンは、二〇二一年九月一日、ホワイトハウスにゼレンスキーを迎えている。バイデンがホワイトハウスに招いたのは、当時のドイツ首相、アンゲラ・メルケルに続く二人目で、ゼレンスキーにはかなりの厚遇に映ったはずだ。

しかも、この場で、バイデンはウクライナのNATO加盟に、個人的見解としながらも理解を示し、ロシアの侵攻に直面するウクライナに全面支援を約束した。

それだけでなく、バイデンは、その直後、ウクライナを含めた多国籍軍による大規模軍事演習を実施した。プーチンがロシア軍をウクライナ国境に展開させたのは、これらの動きを受けた十月下旬のことだ。

さらにバイデンは、十二月七日にプーチンと会談し、「アメリカ軍をウクライナに派遣することは検討していない」という考えを伝えている。これでは、「攻めるならどうぞ」と語っているようなものである。

そうした国が、どこまで本気で日本を守ってくれるだろうか。

既述した日米安全保障条約の第五条は、アメリカの対日防衛義務を定めた条文ではあるが、日本が「アメリカは対処する」と訳している「would act」は、正確には「対処したいと考えている」と訳すべきだ。そう考えると、「有事の際、アメリカが必ず守ってくれる」とは断言できなくなる。

アメリカのインテリジェンス

もちろん、アメリカに頼りたい部分もある。それがインテリジェンス（諜報）の正確さである。

ロシア軍のウクライナ侵攻の動きをいち早く察知したのはアメリカだ。

二〇二一年十二月三日付のワシントンポストは、アメリカの情報機関が作成した文書をもとに、ウクライナ国境沿いにロシア軍十七万五〇〇〇人が動員されると報じている。

ここで注目すべきは、アメリカが、ロシア軍の規模、そして首都キーウ方面を含む複数の侵攻ルートまで正確に把握していた点だ。そのインテリジェンスの正確さには脱帽するほかない。

侵攻が始まる前日の二月二三日、ニューヨークタイムズ（電子版）が、「アメリカ政府はウクライナ政府に、四八時間以内に大規模な侵攻が始まると警告」と伝えたが、これもアメリカ政府が、ロシア軍の動きを観察し、総合的に判断した結果である。

実際、翌日の二四日、ロシア軍が侵攻し、各地で戦闘が始まると、ウクライナ軍はアメリカが提供した対戦車ミサイル「ジャベリン」などを用い、攻め込んでくるロシア軍を待ち伏せて叩いた。ロシア軍の進路や隊列の長さ、所持している装備の中身などがわからなければできない戦法である。

「侵攻が始まれば、ロシア軍は、二日で首都キーウを制圧するだろう」

こんな予想が外れ、ウクライナ軍の善戦が目立ったのは、アメリカのインテリジェンスによるものと言っていい。

どこまでが平時で、どこからが戦時なのか線引きが難しい現代の戦争にあっては、「グレーゾーン」の期間に、どれだけ相手国の動きを探知し分析できるかが防衛の鍵となる。

日本の場合、政府の内閣官房に情報調査室（内調）が設けられ、外交・防衛・治安等の情報収集と分析に当たっている。

ホームページを覗くと、「『内閣のインテリジェンス』へようこそ」との文字が躍るが、公安調査庁や警察庁など情報機関の統合には至らず、内調の人員は二〇〇人に満たない。

また、前述したように、二〇二〇年三月に設置された「自衛隊サイバー防衛隊」は人員がわずか五四〇人規模。中国の十七万五〇〇〇人には遠く及ばない。サイバー関連の防衛省の予算も年間で三五〇億円弱（二〇二二年度）にすぎない。

インテリジェンス先進国のアメリカは、国家安全保障局やＣＩＡ（中央情報局）という情報機関があるにもかかわらず、イギリス、カナダ、オーストラリア、ニュージーランドと「ファイブ・アイズ」（Five Eyes）という協定を結んでいる。

この五か国は、通信傍受システム「エシュロン」を共同運用し、電波やメール、インターネットなどの電子情報収集を実施し、相互に提供し合っている。

日本はそれぞれの国と友好関係にありながら蚊帳の外だ。なぜなら、「ファイブ・アイズ」は「ギブ&テイク」が基本で、日本の場合、情報をもらうことはできても、情報を提供することができないからである。

菅内閣と岸田内閣で防衛大臣を務めた岸信夫は言う。

「防衛省、自衛隊だけでなくオールジャパンで対応していく必要がある。自衛隊でできるものとできないものを区分けし、自衛隊でできないものは支援していく」

ただ、最新兵器の充実以上にインテリジェンスの強化は一朝一夕にはいかない。この分野こそ、アメリカとの連携をこれまで以上に深めることが、日本有事を防ぐ一歩になる。

したたかさが際立つ中国

では、日本とアメリカが最も警戒する中国は、ロシアとウクライナの戦争をどう見てきたのだろうか。

ロシアのウクライナ侵攻から二か月半が経過した二〇二二年五月七日、アメリカ・CIA長官、ウィリアム・バーンズの発言が世界を駆けめぐった。

その発言とは、バーンズが、ワシントン市内で開かれた英国紙「フィナンシャル・タイムズ」主催の会合で述べた、

「中国の習近平国家主席が動揺している印象を受ける」

というくだりである。ロシアと同じ専制主義国家の中国は、ロシアの非道な行為と結びつけられて悪い印象が拡がることを懸念し、アメリカとヨーロッパがロシアへの制裁やウクライナへの支援で想像以上に結束を強化したことに不安を感じているというのだ。

筆者は別の見方をしている。習近平をはじめ指導部や軍が、ロシアのウクライナ侵攻を、将来の台湾侵攻や尖閣諸島への侵攻に当てはめ注視していることは確かだが、動揺などは一切なく、むしろ冷静で一貫しているように見える。

なぜなら、中国は、ロシアに対し徹底した「軍冷経熱」路線をとってきたからである。

筑波大学名誉教授で中国問題グローバル研究所所長の遠藤誉《ほまれ》は、著書『ウクライナ戦争における中国の対ロシア戦略』（PHP研究所）の中で、習近平の立ち位置について、「軍事的にはロシアに同調せず、経済的には徹底して支えていくという戦略」と記している。筆者の見立ても全く同じである。

ロシアがウクライナに侵攻した日、中国外務省報道局長の華春瑩《かしゅんえい》は、記者会見で、「中国の同意は必要ない」と語っている。これは、ロシアとウクライナの問題に中国は関与しないという立場を明確にしたものだ。

事実、中国は、ロシアが二〇一四年、ウクライナ南部のクリミア半島を併合し、国連安全保障理事会（以下、安保理）で併合を「無効」とする決議案が出された際、採決を棄権し、ここでも「関与しない」という姿勢を見せている。

ロシアが独立を承認したウクライナ東部のドネツク州とルハンシク州についても、中国はこれを容認していない。

それは、台湾統一が念頭にあるからだ。中国には、

「台湾は自国の領土であり、統一こそ実現できていないものの、分裂しているわけではない」

という認識がある。

プーチンによるクリミア半島併合やウクライナ侵攻は、現地に住む人々がウクライナ政府に虐待され、独立を求めてきたことを口実に実施したものだ。そのようなロシアを軍事的に支援すれば、「台湾は自国の領土」とする認識が揺らいでしまう。

もっと言えば、習近平指導部が中国化を進めようとしている新疆《しんきょう》ウイグル自治区やチベット自治区の問題でもある。

それらの地域に住む人々が、仮に、中国政府から虐待を受けているとしてアメリカなどに訴え、アメリカがそれを背景に各地域の独立を認め、中国に攻め込んできたとしても、中国はそれを非難できなくなるからである。

その一方で、「経熱」は維持されている。二〇二二年二月四日、北京冬季五輪開幕に先駆け、釣魚台迎賓館でプーチンと会談した習近平は、年間で一〇〇億立方メートルの天然ガスを極東から中国に供給することで合意した。

ロシアは、二〇一九年以降、「パワー・オブ・シベリア」と呼ばれるパイプラインと海上輸送で中国に天然ガスを送っている。これをさらに「拡大しましょう」というわけだ。

ロシアは中国にとって世界で三番目の天然ガス調達先となっている。この合意によって、中国は、台湾に侵攻してアメリカなどから制裁を受けても、エネルギー資源には困らない状況を作り出した。

原油に関しても、ロシアのウクライナ侵攻後、中国への輸出は急増している。中国からロシアへの通信機器やパソコンなどの輸出は若干減少したものの、ロシアと中国は経済面でWIN‐WINの関係を堅持していると言っていい。

さらに、二〇二二年六月十日には、ロシアのアムール州・ブラゴベシェンスクと中国の黒竜江省・黒河市を結ぶ道路橋が開通した。自動車で往来できる橋の開通によって、将来的に年間最大四〇〇万トンの貨物の処理が可能となる。

このように、中国は、ロシアのウクライナ侵攻以降、国際社会の批判がロシアに集まる中、着実に「実利」を得ている。それだけに脅威なのである。

ロシアから学んだ習近平

中国が得たのは「実利」だけではない。「学修」もしている。

ロシアにまつわる中国の「学修」はクリミア併合までさかのぼる。習近平は、併合から二年が経過した二〇一六年春ごろ、複数の政府系シンクタンクに「ロシアによるクリミア併合を研究せよ」という内部指令を出している。

二〇一六年春といえば、台湾総統選挙で蔡英文が勝利し、一期目の施政を本格化させた時期である。ここでもロシアをヒントに台湾を手に入れようとする野望が垣間見える。

それはウクライナ侵攻でも同じである。自衛隊元統合幕僚長の河野克俊は次のように語る。

「ウクライナ侵攻での戦況、そして国際社会からの経済制裁は、ロシアのプーチン大統領にとっては予想を超えるものだったはず。それらを見て、どのようにして台湾を統一するか、習近平としては戦略を練り直したと思う」

◇中国がロシアのウクライナ侵攻から「学修」したと思われる点
・アメリカはどう動くか。
・国際社会のロシアへの制裁はどの程度か。
・ロシア軍とウクライナ軍の成功例と失敗例にはどのようなものがあるか。
・ロシアの隣国で友好国でもあるベラルーシの役割はどれほどか。

アメリカは、ウクライナ戦争への直接的な軍事介入は避けた。しかし、アメリカはカーター政権時代の一九七九年、台湾の安全保障について定めた「台湾関係法」を制定している。トランプ政権下の二〇二〇年、台湾に防衛装備品の売却と移転を奨励する「台湾保証法」も成立させた。

つまり、アメリカと台湾の関係は、アメリカとウクライナとの関係よりも緊密ということになる。

同時に、中国が台湾に侵攻した場合、そして一方的に統一・併合した場合、国際社会からどの程度の制裁を受けることになるのかも計算していると推察する。

さらに、ロシア軍によるオールドメイン戦の成否、そして、前線部隊に軍事物資や食料を送る兵站の問題点などもつぶさに分析しているはずだ。

とりわけ、ゼレンスキー大統領らウクライナ政府の幹部、そして一般市民に自由にSNSなどを通じて国際社会に発信を許した点、さらにウクライナとは地続きであるにもかかわらず兵站がうまくいかなかった点など、海に囲まれた台湾本島を意識しながら研究を重ねていることは間違いない。

また、中国は、ロシア軍部隊に前線基地を提供し、負傷兵の治療などにもあたったベラルーシの役割についても調べ、台湾侵攻の際、隣国の北朝鮮に何を期待できるか検討していると筆者は見る。

中国はウクライナ戦争唯一の勝者

ロシアとウクライナによる戦いは、今後数年は続く可能性が高い。

プーチンはウクライナの中立化とドネツク州など東部と南部四州の完全なロシア化を目指し、一方のウクライナも、大統領、ヴォロディミル・ゼレンスキーが「クリミアも含め、ロシア軍を侵攻以前にまで押し戻す」と繰り返し強調している。ここに妥協の余地はなく、この先も消耗戦が続くことになる。

その結果、最終的にロシアが勝利したとしても経済は疲弊し、アメリカやヨーロッパ諸国からは「悪玉」のレッテルを貼られ続け、ウクライナが勝利した場合でも、戦後復興には莫大な時間とコストを要することになる。

そうした中で最も得をしたのは中国である。

前述したように、多くの「実利」と「学修」の機会を得たこともそうだが、ロシアを、アメリカなど民主主義国家に戦いを挑む先兵にできたこと、言い換えるなら、台湾統一を成功させるうえで反面教師にできたことは大きい。

◇ロシアのウクライナ侵攻を反面教師にした例

・原発や核施設に攻撃を加えると国際社会からの反発が強い。
台湾は「脱原発」へと舵を切り始めているが、六基の原発が稼働している。施設が位置する台湾北部や南部から上陸を試みる場合、施設に損傷を与えない工夫が必要。「戦術核」や放射性物質を撒く「汚い爆弾」の使用も不可。

・住宅街を空爆し、その映像が拡散されてしまうと批判を招く。
台北、新北、桃園など人口が集中する首都圏や台中、高雄などの都市部攻略の際は誤爆しないこと。同時にSNSの規制も必要。

・民間人の避難路（人道回廊）を早期に確保しないと国際社会から叩かれる。
「台湾統一は国内問題だ」と言い張ろうと、民間人に犠牲が出ると批判は高まる。

・自国の兵士に犠牲者が多いと厭戦気分が高まる。
戦闘状態に入れば、台湾側も「中国軍○○千人が死傷」とプロパガンダの情報を流す。そうなると国内で厭戦気分が拡がる。台湾メディアを規制し、同時に中国軍の犠牲者を少なくする戦法が不可欠。

・相手を甘く見ると痛手を負う。

ロシアはウクライナ大統領、ゼレンスキーのSNSを駆使した発信を制御できず善戦を許した。台湾に侵攻するなら、蔡英文やIT担当の唐鳳（オードリー・タン）の発信力を封じる必要がある。

経済面で言えば、中国にとって大切な貿易相手国であるロシアが制裁で干上がってしまうのは好ましいことではないが、中国マネーに頼らざるを得ない事態に陥れば、習近平が目論む「対ドル経済圏」（人民元経済圏）に取り込むこともできる。

もう一つ言えば、インドがロシアへの制裁をめぐってアメリカなどと一線を画したことだ。

後で詳しく触れるが、インドは、アメリカ、日本、オーストラリアと「QUAD」と呼ばれる戦略対話の枠組みを形成している。

その反面、歴史的に非同盟主義をとり、アメリカなどとの同盟には懸念を示してきた国だ。

そのインドが、アメリカなどが国連を舞台に主導した対ロシア制裁には加わらず、中国と歩調を合わせたことは、インド太平洋地域における中国包囲網に風穴を開けるうえで一筋の光明と映ったことだろう。

「ＱＵＡＤ」はけっして一枚岩ではなく、中国が台湾に侵攻した場合、ロシアに加え「インドも中立でいてくれる」という感覚がつかめたのではないかと思うのである。

強い立場の中国

ドイツ南部の大都市ミュンヘンから、車で一時間半。アルプスの山々や湖に囲まれた保養地、エルマウで開かれたＧ７サミット（主要七か国首脳会議）では、首脳宣言に、緊張度を増す東シナ海や南シナ海をめぐって次の一文が盛り込まれた。

「緊張を増大させる力や威圧によるいかなる一方的な現状変更の試みにも強く反対する」

二〇二二年六月二八日のことだ。首脳宣言に中国の台湾侵攻を念頭にした文言が盛り込まれたのは二年連続である。

その翌日、スペインのマドリードに舞台を移して開かれたＮＡＴＯ首脳会議でも、戦略概念として初めて中国に言及し、中国が「体制上の挑戦」を突きつけていると明記した。

極めて異例なことだが、筆者が注目していたこれらの首脳会議は、いずれもロシア問題で時間を費やし、中国に関しては踏み込んだ議論に至らなかった。

中国側は形だけ反発してみせたが、習近平にとっては緩い牽制球を投げられた程度のものだったろう。

しかし、実際には国際社会できつい牽制球を投げておくべき問題は多々ある。

◇国際社会で議論すべき中国に関する課題

・東シナ海や南シナ海における軍事行動。
・ロシア制裁やウクライナ戦争仲介に動かない姿勢。
・戦略物資や食糧などの対中依存。
・習近平が二〇一七年に打ち出した国有企業の強化と優遇策。
・知的財産権侵害や技術の軍事転用。
・新疆ウイグル自治区や香港での人権侵害。
・米中に代表される貿易摩擦。

それでも厳しく追及できないのは、国際社会がロシアのウクライナ侵攻に伴う原油高や穀物不足に見舞われ、中国を本気で糾弾する余裕がないからである。

中国は国際社会における自身の価値と影響力を理解している。中国のGDPはロシアの約十倍だ。「世界の工場」と言われる安い労働力と広大な用地も有している。

その中国に制裁を科すような動きになれば、原油高や穀物不足に加え、通信機器不足、鉱産物資源不足、それに加工食品不足まで生じるリスクがある。国際社会が受ける影響は対ロシアの比ではない。

とりわけ、物価の急騰に悩むアメリカ・バイデン政権は、対中制裁関税を段階的に下げ、食料品などの価格を抑えていかなければ、次の大統領選挙で、共和党にホワイトハウス奪還を許してしまう恐れがある。

中国自体も、新型コロナウイルスやウクライナ戦争の余波で経済成長にかげりがみられるものの、対外的には余裕があり、強気で押せる状態を維持している。

太平洋を自分の色に染める中国

国際社会の目がロシアとウクライナの攻防に向けられている間、中国は着々と台湾および尖閣諸島の侵攻に向けて態勢作りを進めた。

それが、二〇二二年五月二六日から十日間に及んだ中国外相、王毅《おうき》による南太平洋諸国歴訪（ソロモン諸島、キリバス、サモア、パプアニューギニアなど）である。このうち、ソロモン諸島とは安全保障協定を結んでいる。

キリバスもソロモン諸島と同じく二〇一九年に台湾と国交を断絶し、中国との安全保障協定に前向きな国だ。

南太平洋諸国の中でも、フィジーやサモアなどは中国への傾斜には慎重姿勢で、「王毅の歴訪は失敗」との報道も見られたが、筆者はそうとらえていない。

自衛隊関係者は危機感をあらわにする。

「この地域を中国カラーに染められてしまうと、アメリカ軍は有事の際、ハワイや本土の基地から台湾海域まで容易には出てこられず、オーストラリア軍も背後を突かれる恐れがあるため、動きが取れなくなってしまう」

筆者の見立ても、これと全く同じである。

次ページの図3-1は、米ソ冷戦終結前後の一九九〇年以降、中国が推進してきた軍事防衛ラインを示したものだ。

図3-1　1990年以降の軍事防衛ライン

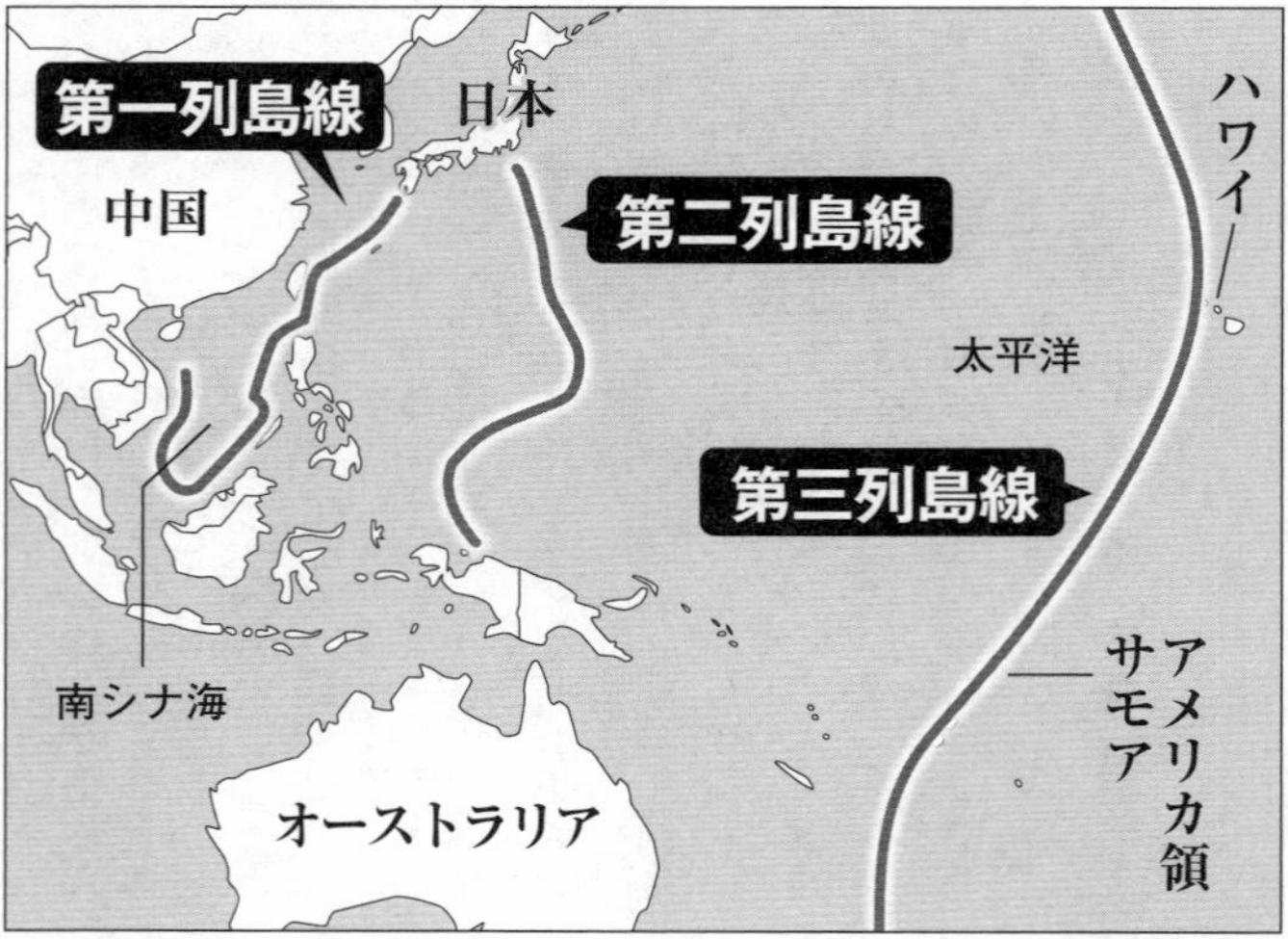

出典：産経新聞社

九州から沖縄、台湾、そしてボルネオ島に至る中国本土寄りのラインが第一列島線。

伊豆諸島を起点に、小笠原諸島、グアム、サイパン、パプアニューギニアへと続くラインが第二列島線。

そして、アリューシャン列島からハワイ、アメリカ領サモア、ニュージーランドへと至るラインが第三列島線である。

これらのうち、中国は海軍力の強化により、第一列島線の内側にはアメリカ軍を入れないための備えを進めているが、南太平洋諸国が、たとえ数か国であっても中国と同盟関係を結べば、アメリカに最も近い第三列島線内でも、中国軍のプレゼンスが強まることになる。

当然、アメリカも黙ってはいない。

二〇一九年十一月二九日、アメリカ軍が世界規模で態勢の見直しを進める中、国防総省がインド太平洋を「最重要地域」と位置づけ、中国軍への態勢を強化すると発表した。これに基づき、アメリカ軍は、グアムや南太平洋諸国での軍事インフラの強化を進めている。

二〇二二年五月二三日には、来日したバイデンが、日本を含む十二か国と「IPEF」（インド太平洋経済枠組み）を発足させると発表した。

これは貿易や経済安全保障が中心の枠組みだが、習近平が進めてきた「一帯一路」構想（中国とヨーロッパ、中国から中近東、アフリカを結ぶ広域経済圏構想）に対抗すると同時に、この地域への中国の進出を牽制するものだ。

さらにバイデンは、この翌月、日本、オーストラリア、ニュージーランド、イギリスとともに五か国で、太平洋地域の島嶼国への支援を強化する枠組みを立ち上げると発表した。

まるでボードゲームである。太平洋に面した諸国は、中国カラーに変わるか、それともアメリカカラーでいるか、オセロのような展開の中にある。

中国の誤算

ロシアのウクライナ侵攻を冷静に見つめ、東シナ海や南シナ海だけでなく、太平洋においても有利な状況を作り出そうとしている中国の動きは、ニクソン政権で国務長官などを務めたヘンリー・A・キッシンジャーが見事に指摘している。

キッシンジャーは、習近平が総書記に就任した二〇一二年の段階で、次のように述べている。

> 中国の指導者が、一度きりの全面衝突で決着をつけようとすることは、めったになかった。西洋の伝統は、明確な武力衝突を重んじ、英雄的な行為を評価するが、中国の理想は、相対的優位をさりげなく、間接的に、辛抱強く積み重ねることだ。（『キッシンジャー回想録 中国〈上〉』〈岩波書店〉より抜粋）

この指摘からすれば、習近平が総書記に就任して以降の十年間は、台湾や尖閣諸島統一に向け、じわりじわりと中国優位の状況を作り出す期間であったように思える。

バイデン政権でインド太平洋調整官となったカート・キャンベルと、国防次官補に就任したイーライ・ラトナーが、二〇一八年四月、『FOREIGN AFFAIRS REPORT』誌に寄稿した論文にはこのような一節がある。

中国を孤立させ、弱体化させようと試みるべきではないし、よりよい方向へと変化させようとすべきでもない。外交や通商面でのエンゲージメントも、軍事力もアジアリバランシング戦略も効果はなかった。中国はむしろ独自の道を歩むことで、アメリカの多方面での期待が間違っていることを示した。さまざまな働きかけで中国が好ましい方向へ進化していくという期待に基づく政策をとるのはもう止めるべきだ。中国を変化させるアメリカの力をもっと謙虚に見据える必要がある。（『FOREIGN AFFAIRS REPORT』より抜粋）

敵視する国や競争相手とする国との関わり方には、大きく分けて「関与」（仲間外れにせず向き合う）と「封じ込め」（排除する、関りを持たない）の二つがある。

東アジアを担当する国務次官補の経験を持つキャンベルと国家安全保障を統括する副大統領副補佐官なども務めてきたラトナーの言葉には、アメリカ単独で「関与」や「封じ込め」を継続したとしても意味はなく、価値観をともにする民主主義国家チームで対抗すべきとの思いがにじみ出ている。

力によって現状変更を画策する中国の動きは、キッシンジャーやバイデンの側近二人が指摘したとおりであったと言うほかない。

ただ、そこに中国の誤算もある。

一つは、ロシアのウクライナ侵攻で、民主主義国家チームがかつてないほど結束した点だ。

ウクライナ戦争の最終的な行方は依然として不透明だが、想像を超えるウクライナの善戦は、言うまでもなく、アメリカやNATO加盟国の度重なる軍事的支援によってもたらされたものだ。

先に述べたように、中国からすれば、ウクライナに侵攻したロシアは、民主主義国家チームに先制攻撃をかけた先兵のような存在である。

その侵攻ぶりは、中国が検討してきた台湾侵攻モデルの一つで、中国も「台湾独立勢力から同胞を解放する」と主張して軍事侵攻する→核兵器の使用をちらつかせてアメリカの軍事介入を阻止する→短期激烈決戦（ショートシャープウォー）で台湾を制圧して国際社会

図3-2　東アジア・インド太平洋地域の中国包囲網

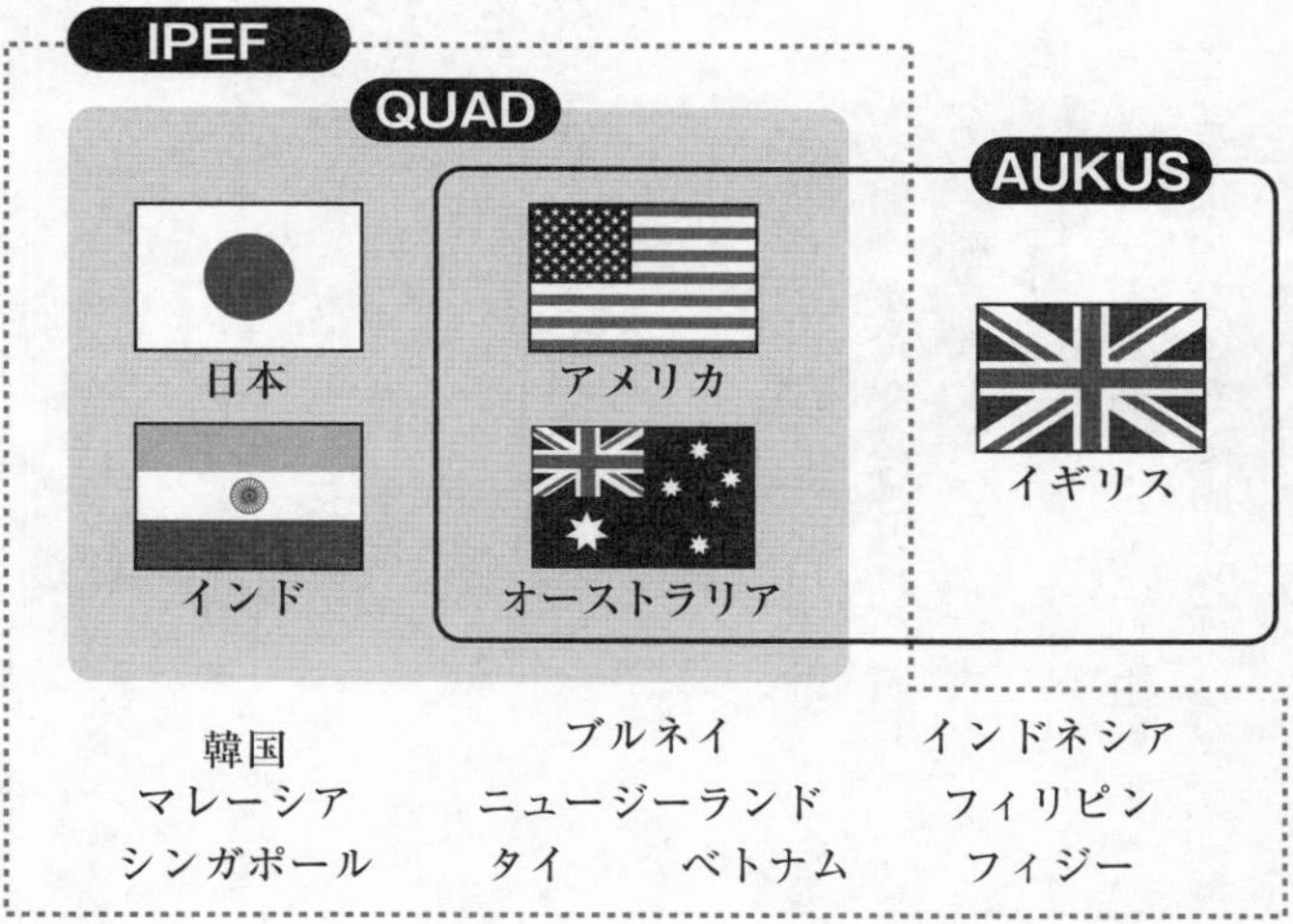

の批判を最小限に抑え込む、という流れを思い描いていたはずだ。

ところが、アメリカを中心とする民主主義国家チームが結束すれば、簡単には制圧できないという事例を、目の前に突きつけられる形となった。同時に、西側諸国がとった経済制裁も、中国にとっては予想を超えるものであっただろう。

もう一つは、図3-2のように、東アジアやインド太平洋地域で、中国包囲網が形成されてしまった点だ。

二〇〇七年、当時の日本の内閣総理大臣、安倍晋三の提唱で結成された「QUAD」（日米豪印戦略対話）をはじめ、「AUKUS」（米英豪による安全保障協力の枠組み）、さらに前述した「IPEF」などが代表格である。

言うなれば、東アジアやインド太平洋地域に、NATOとEUのような枠組みが誕生したのと同じだ。習近平にとっては台湾や尖閣諸島統一に向け、シナリオの書き直しを迫られていると言っていい。

ウクライナと台湾の類似点

それでも、習近平が台湾統一を視野に入れていることは疑いようもない。その手始めが香港の中国化である。

二〇二二年七月一日、香港がイギリスから中国に返還されて二五年を迎えた日、習近平は、香港で開かれた記念式典に出席し、

「香港の『一国二制度』は世界に認められる成功を収めた」

と述べ、「祖国への返還後、香港の真の民主が始まった」と強調してみせた。

香港で暮らす人々から言論の自由を奪い、民主的な選挙制度を変え、「一国二制度」を崩壊させて中国愛国者で固めた統治を、「世界に認められる成功」と自画自賛するとは噴

飯ものである。

香港の中国化をめぐっては、二〇一九年から翌年にかけて相次いだ大規模な抗議デモ、そして二〇二〇年六月三〇日、中国全人代常務委員会が、香港の治安維持を名目に突如制定した香港特別行政区国家安全維持法（国安法）が記憶に新しい。

当時、台湾を取材する中でしばしば耳にしたのが、

「きょうの香港は明日の台湾」

というフレーズであった。この言い回しは、二〇一四年の春、台湾の学生や市民が立法院（国会）を占拠した、いわゆる「ひまわり運動」の際にもスローガンの一つとして使われたものだ。

似たようなフレーズは、ロシアのウクライナ侵攻直後にも聞かれた。

「きょうのウクライナは明日の台湾」

というもので、それだけ香港やウクライナの問題は台湾市民にとって衝撃だったことを意味している。

では、台湾は本当に、第二の香港やウクライナと化してしまうのだろうか。

大陸とは幅が一三〇キロしかない台湾海峡を挟んで、七〇年あまりも対峙を続けてきた

台湾と中国は、それぞれ別の視点ながら、この見方を打ち消している。

台湾総統の蔡英文は、ロシアがウクライナに侵攻した翌日、

「台湾海峡の状況とウクライナの状況は本質的に異なる」

と強調し、人々の不安を煽る虚偽の情報に惑わされないよう呼びかけた。

蔡英文は、二〇一六年の政権発足以降、台湾が独立の動きさえ見せなければ安全という考え方のもと、中国と距離を置く政策を続けている。それだけに、市民が動揺し、独立論や好戦論が浮上してそれが揺らぐことがないよう沈静化に走ったのである。

一方、中国も、外相の王毅が、

「台湾問題とウクライナ問題は本質的に異なる。台湾問題は中国の内政問題であり、ウクライナ問題はロシアとウクライナの国家間の問題である」

と説明した。台湾をどうしようと「それは国内問題」と一蹴したわけだ。

しかし、ロシアによるウクライナ侵攻と中国による台湾統一の動きには類似点も存在する。

◇ロシアのウクライナ侵攻と中国の台湾統一の類似点
・トップリーダーが、アメリカ中心の世界秩序に嫌悪感や強い不信感を抱いてい

る。
・侵攻を正当化しやすい。
歴史をたどれば、ロシアとウクライナ、中国と台湾は同じ国。それぞれ親ロシア派や親中派に働きかけ、「同胞を救うため」を名目にしやすい。
・オールドメイン戦への対応が進んでいる。
ハッキングによる携帯電話基地局乗っ取り、発電所の機能停止、偽のラジオ局からフェイクニュースを放送する、電磁波攻撃で敵の航空機やドローン、戦車などが使えないようにする等は両国ともにお手の物。
・ロシアはウクライナ、中国は台湾に対し、十倍近い軍事力を有している。
ロシアの兵員は九〇万人、戦闘機などの航空機は一一七〇機、地対空ミサイル設備は一五二〇か所。これに対してウクライナは兵員二〇万人。航空機一二〇機、地対空ミサイル設備は八〇か所。

中国は兵員二〇四万人、戦車六二〇〇両、航空機二〇〇〇機に対し、台湾は兵員十七万人、戦車七五〇両、航空機五〇〇機。

すでに香港は、中国に飲み込まれた。ウクライナでも南部のクリミア半島に続き、東部と南部四州が一方的に併合され、ロシア化されつつある。「次は台湾」と考えるのは自然な流れである。

ウクライナと台湾の相違点

その一方で、ウクライナ侵攻と台湾統一には相違点もいくつか存在する。

◇ロシアのウクライナ侵攻と中国の台湾統一の相違点

・台湾は周辺を海に囲まれている。
　中国が台湾を攻撃する場合、海と空しかない。加えて台湾は南北を山脈が走り、標高三〇〇〇メートル以上の峰が二〇〇か所も存在する天然の要害で、東側は上陸ポイントが少ない。西側も大型艦艇が接岸できる港湾が少ない。台湾軍の反撃で犠牲を出しながら上陸できたとしても、増援部隊や武器、弾薬、食糧を最前線に送る兵站が困難。

・台湾は第一列島線の中心に位置する島である。

台湾は、中国が戦略的防衛ラインと考える第一列島線（九州〜台湾〜フィリピン等を結ぶ南北のライン）の中央にある。このラインを越えて中国軍が侵攻すれば、太平洋が危うくなり、アメリカが黙っていない。

・アメリカには台湾を守る法律が存在する。
先に述べたように、アメリカと台湾の間には、カーター政権時代の一九七九年、安全保障について定めた「台湾関係法」があり、トランプ政権時代には、台湾に防衛装備品の売却と移転を奨励する「台湾保証法」も制定されている。

・台湾は半導体立国である。
世界的な半導体不足が指摘される中、台湾は半導体出荷量世界一の「半導体立国」で、台湾積体電路製造（ＴＳＭＣ）は、時価総額でインテルやサムスン電子を上回る企業に成長している。半導体生産拠点の九割が集中する台湾は戦略的に重要。

・アメリカと台湾とは貿易面で結びつきが強固。
アメリカと台湾との貿易総額は年間約十三兆円（二〇二一年）。アメリカとウクライナは年間約五〇〇〇億円。

特に台湾が海に囲まれ、密林も多く、天然の要害である点は特筆すべきだ。野田内閣で民間人初の防衛相を務めた森本敏はこう指摘する。

「中国は台湾海峡を渡らないといけないが、渡るためには揚陸艦が要る。ただ、揚陸艦の隻数は十分ではなく、二万五〇〇〇人から三万人程度しか渡れない」

確かに、中国の揚陸艦の総数は約三七〇隻で、上陸部隊を満載し、狭い台湾海峡を問題なく航行できる大型の艦艇は七〇隻程度と言われる。これに民間の船を改造して加えたとしても三万人が上限とみられる。

大型の艦艇が接岸できる港湾も乏しく、中国がコンクリート製の浮桟橋を多数用意したとしても、その前に台湾側の反撃や浅海に敷設する機雷に悩まされ、相当の犠牲を強いられることになる。

しかし、中国も補強に努めている。中国共産党機関紙傘下の「環球時報」（英語版、二〇二二年四月二三日付）は、中国が二隻目となる強襲揚陸艦「広西」を就役させたと伝えた。これは前年に就役した「海南」に続くものだ。

強襲揚陸艦は、上陸作戦の際に大量の兵員や装備を輸送するのに欠かせない。ヘリコプター約三〇機が搭載できる。

他にも、大型ミサイル駆逐艦が複数就役したとの報道もあり、三隻目の空母「福建」の進水と合わせ、台湾有事を念頭に置いた中国海軍の海と空からの攻撃能力は年々進化していると言っていい。

政治学者でハーバード大学教授のグレアム・アリソンも、二〇一七年に発刊した著書『米中戦争前夜』(ダイヤモンド社)の中で、「伝統的な陸軍の優位を低下させる一方で、海を支配するのに欠かせない海軍、空軍、ロケット軍(戦略ミサイル部隊)を強化している」と記述し、「今の中国には『戦って勝つ』力がある」と分析している。

台湾の国防部長(国防相)、邱国正《きゅうこくせい》も、二〇二一年十月六日、立法院の審議で、中国が二〇二五年には全面的な台湾侵攻能力を備えるとの見方を示している。

それだけに、「明日は台湾」「明日は尖閣諸島」、ひいては「明日は日本」という意識を持って備えることが重要になる。

事実、香港の中国化、ウクライナの窮地は、大国が執着心をあらわにすれば、軍事力で劣る国や地域の声など簡単に蹂躙《じゅうりん》されてしまうという現実を示した。

「今の時代、いくら大国でも力によって中小国を痛めつけることはしないだろう」

このような甘い見通しは、中国やロシアには通用しないことも明らかにした。

外相や防衛相を歴任してきた河野太郎は言う。

「『専守防衛』を守るのではなく、国民の命と平和な暮らしを守るためにどうしたらいいのか、日米同盟だけで対抗できるのか、共通の価値観を民主主義国家で守っていこうという議論になるのか、真剣に考えなければならない」

情報戦で負けたロシア

中国は、ロシアがウクライナ侵攻で失敗した事例のうち、オールドメイン戦の中核となる情報戦についても「学修」しているはずだ。

ウクライナが、アメリカやNATO加盟国から最新兵器を得て、ロシアと互角の戦いを繰り広げることができたのは、大統領のゼレンスキーや政権幹部らが、SNSなどを駆使して国際社会に窮状を訴え、世論を味方にしてきた成果である。

振り返ってみると、ロシアの通信規制当局、ロスコムナゾルは、侵攻が始まった二日後から、ロシア国内での情報統制を本格化させた。

アメリカ発祥のツイッターやフェイスブックなどへのアクセスをブロックし、反政府の独立系メディアも規制し、ロシア発祥のSNS「テレグラム」ですら、プーチン政権にとって都合の悪い表現は削除させた。

海外のSNSにアクセスできるVPN（ヴァーチャル・プライベート・ネットワーク）も制御し、侵攻が長期化するにつれ、ほとんど利用できなくした。

しかし、ゼレンスキーはウクライナ国内から、メッセージを発信し続け、ロシアが仕掛ける情報戦を圧倒した。

「ウクライナは生物兵器を開発している」

ロシア側からは虚偽の情報が拡散されたが、これらのディープフェイクを即座に打ち消し、ファクトに基づいた情報を流せたのも発信力のたまものである。

「ペンは剣よりも強し」

十九世紀の戯曲から語り継がれてきたこの言葉をウクライナに当てはめれば、

「SNSは、ロシアの戦車や戦闘機よりも強かった」

ということになる。

ロシアはウクライナの通信網を遮断できず、得意の情報戦で負けたのだ。

ゼレンスキーらの発信を支えたのが「スターリンク」(Starlink)である。これは、人工衛星で宇宙からインターネットに接続できるサービスを提供するシステムで、立ち上げたのは、アメリカの電気自動車メーカーのテスラや宇宙開発を行う「スペースX」の創業者として知られるイーロン・マスクだ。

持ちかけたのは、当時三一歳だったウクライナの副首相兼デジタル転換相、ミハイロ・フョードロフである。

フョードロフは、ゼレンスキーが大統領選挙に当選した二〇一九年当時からSNS戦略を指揮してきた人物で、侵攻直後には、ロシア政府機関や銀行へのサイバー攻撃を担う「IT軍」まで創設している。

フョードロフはメンバーをSNSで募集し、ロシアの政府機関や銀行に、大量のデータを送りつけてシステムをダウンさせたり、ドローンを使い、「スターリンク」経由でロシア軍の様子を砲兵部隊に伝えたりする仕組みまで構築した。

筆者は、一九九五年三月、現地取材をしたボスニア紛争を思い出した。

このとき、ボスニア政府はアメリカのPR会社と提携した。

その会社は、ボスニアの当時の外相、ハリス・シライジッチに話し方を指導し、

「セルビアは『民族浄化』だと言って殺戮を繰り返している」と、幾度となく訴えさせた。

対するセルビアは、PRの重要性に気づくのが遅れ、アメリカやヨーロッパ諸国の間では「セルビアは悪、ボスニアは善」という印象が刷り込まれてしまった。

筆者は、セルビアの首都ベオグラードで、陳列棚に食べ物が並んでいないスーパーを歩きながら、情報の発信がいかに大切かを見せつけられた気がしたものだ。

中国もこれらの顚末は相当研究していることだろう。

中国でも、アメリカ系のSNSは規制の対象としている。「金盾」と呼ばれる検閲システムにより、グーグルなど海外検索サイトも使えず、LINEも使用できない。

筆者も北京に着くとLINEが使えなくなり、毎度のように「あれっ?」となるのだが、ロシアと同様にVPNは使用でき、中国駐在の日系企業の駐在員などは、日本に住む家族と連絡を取る際、「特に不自由はない」と語る。

また中国には、ウィーチャット(微信)やウェイボー(微博)を代表格とする独自のSNSも存在する。

二〇二一年十一月二日、女子テニス選手の彭帥《ほうすい》が、中国共産党幹部で前副首相の張高麗《ちょうこうれい》に性的強要を受けたと告白し、それが世界に拡散されたり、北京五輪でフィギュアスケートの羽生結弦が話題になったりしたのも、SNSでの発信によるものだ。言うなれば「抜け穴」である。

ただ、台湾に侵攻する際はすべて規制される。すでに中国は、国家に損害を与えるようなデータ収集を禁じる「データ安全法」まで成立させている。

機能不全の安保理と東アジア版のNATO

ロシアのウクライナ侵攻は、国連安保理に内在する弱点をさらけだした。

周知のとおり、安保理は、アメリカ、イギリス、フランス、中国、ロシアの拒否権を与えられた五つの常任理事国と、二年の任期で選ばれる非常任理事国十か国で構成されている。その安保理がロシアの侵攻を知ったのは、侵攻当日のことだ。

国連関係者に聞けば、侵攻の一報が伝わったのは会合の真っ只中で、参加各国の大使は、スマートフォンへの一斉通知で衝撃の事実を知ることになった。

ところが、その会合では何も議論されていない。翌日に開いた会合で、ロシア非難決議案の採択を行ったが、ロシアが拒否権を行使し、中国やインドは棄権に回った。

翌月二日、緊急特別総会で、ロシア軍の撤退を求める決議案が採択されたが、法的拘束力はなく、ここでもロシアが反対、中国やインドなどが棄権した。

国連は独自の軍隊を持たず、財源も加盟国からの分担金と政策ごとの拠出金に依存しているため、常任理事国の影響力が強くなる。特に中国とロシアが連携すれば何も進まない。

北朝鮮に制裁を科すなどの場合は合意できたとしても、中国やロシアが糾弾される立場になった場合に拒否権を行使されてしまうと機能不全に陥る。

「いっそ、拒否権を失くせば？」との声もあるが、拒否権は大国主導による集団安全保障を担保するための「安全弁」のようなものだ。これを失くせば、中国やロシアが脱退したり、核を保有する大国と国連が全面衝突する危険性も生じたりするため、一朝一夕にはいかない。

アメリカの国際政治学者、ジョセフ・ナイは、常任理事国の拒否権について、

「配電盤のヒューズのような役割を果たしている」

と形容している。

つまり、ヒューズが、漏電による火事を防ぐために停電させる役割を担うように、国連も国際紛争の複雑化を避けるため、拒否権によって、あえて軍事的発動を制御していると

言うのである。

家（国際社会）全体が火事になるよりヒューズが飛んだほうがまし、という理屈だが、中国による台湾などへの侵攻を思えば、「なるほど」と得心してはいられない。

台湾や日本政府が安保理を通じて制裁を科そうとしても、大国一致の原則がある以上、当事国の中国、連携するロシアが反対すれば実現しない。

だとすれば、日本は、アメリカ、オーストラリア、インドと組む「ＱＵＡＤ」に加え、中国の海洋進出を警戒するイギリスやフランス、ドイツなどと連携しながら、東アジア版のＮＡＴＯを構築し、防衛力も増強して抑止するほかない。

第四章　攻める中国、守る台湾

毛沢東になった習近平

「台湾統一で武力行使の放棄は約束しない。あらゆる必要な措置を講じる」

「中華の復興に向け、母国の再統一は実現されねばならず、必ず実現できる」

二〇二二年十月十六日、習近平は、北京の人民大会堂で開かれた中国共産党大会で、このように語って見せた。これらの言葉は、総書記として異例の三期目に突入するにあたり、「どんな手を使っても台湾を統一する」と国内外に宣言したに等しい。

首相の李克強が党の役職から完全に外れ、次の首相候補と目されていた副首相の胡春華《こしゅんか》も、最高指導部（中央政治局常務委員）への登用どころか、その下の政治局員からも外された。そして、「反習近平」派と目されてきた前総書記、胡錦濤にいたっては、大会途中で係員に腕を掴まれ退席させられた。

一方で、習近平を除く最高指導部六人の中には、「ゼロコロナ政策」の指揮を執った李《り》強《きょう》や、長く秘書を務めてきた丁薛祥《ていせつしょう》といった側近やイエスマンが名を連ね、「習近平一強」体制がこれまで以上に強化されることになった。

注目すべきは人事だけではない。大会で改正された党規約では、習近平を党の「核心」として守ることを「党員の義務」と位置づけた点だ。

これは、党員全てに、習近平への忠誠を誓わせ、その地位を守り思想を着実に遂行することを義務化したもので、習近平が、建国の父と言われる毛沢東に匹敵する存在にまで権威づけされたことを強く印象づけるものとなった。

何人たりとも習近平の意向には逆らえない国家、中国の誕生は、北朝鮮の隣に、もう一つ、超巨大な北朝鮮が生まれたようなものだ。同時に、それは、毛沢東ですら成し得なかった台湾統一に向けた号砲にもなったと考えていいだろう。

これより先の二〇二二年八月、習近平は、毎年夏に中国・河北省の北戴河で開催される党長老らによる会議に出席し、批判の声を抑えて三選を確実にした。そして、会議直後の同年八月十六日、遼寧省錦州市にある遼瀋戦役記念館を訪問した。

遼瀋戦は、毛沢東率いる中国共産党と蔣介石の中国国民党による国共内戦の一つだ。習近平は、この場所を訪れることで、自身が毛沢東の継承者であることをアピールし、台湾統一への決意を示したものと筆者は受け止めている。

もっとも、これとほぼ同時期の同年八月十日、中国政府が発表した「台湾白書」(「台湾問題と新時代の中国の統一事業」)では、平和的な統一しか望んでいないと強調している。しかし、これがうまくいかなかった場合、武力行使に出ると予想される。

なぜなら、中国では統制が一段と進み、それを誰も止められないからである。

習近平という人物

レーガン政権からオバマ政権まで国防長官の顧問を務めたアメリカの政治学者、グレアム・アリソンの著書には、若い頃の習近平やその昇進について、次のような記述がある。

習近平は、やれることは何でもして、トップに這い上がることを決意した。習は、なにより粘り強かった。習は野心的だが控えめで、党の階段を上がる間もひたすら謙虚な姿勢を保ち、最有力候補と目されていた李克強《りこくきょう》をわずかに抜き、胡錦濤の後継者の座を確実にした。（『米中戦争前夜』〈ダイヤモンド社〉より抜粋）

習近平は、一九五三年六月十五日、中国のほぼ中央に位置する歴史的観光都市、西安で知られる陝西省《せんせいしょう》で生まれた。父親の習仲勲《しゅうちゅうくん》は毛沢東の「国共内戦」の同志で、国務院副総理まで務めた人物である。

中国には、三大派閥として、江沢民元総書記や唐家璇《とうかせん》元外交部長で知られる「上海閥」、胡錦濤前総書記や李克強首相が属する「団派」、そして中国共産党最高幹部の子弟から成る「太子党」があるが、習近平は「太子党」に属している。

つまり、世襲的に受け継いだ特権と人脈をもとに、中国の政財界や社交界に大きな影響力を持つことが約束された立場＝お坊ちゃんなのである。

しかし、北京の名門小学校に通っていた頃、父親が毛沢東から批判され、文化大革命（毛沢東主導による政治闘争）が終わるまで拘束される事態に直面する。

習近平は通っていた中学が閉鎖されると独学で学び、毛沢東の指導によって行われた青少年の地方での徴農（下放）によって陝西省延安市郊外の農村に移り住むと、そこで洞窟を住居とし、堆肥を運び、監督者である農民の命令にきちんと従う生活を過ごしたという。

その後、習近平は、十回目の挑戦で中国共産党に入党を認められ、名門・清華大学を卒業すると、まず人民解放軍を指導する中央軍事委員会の職員となり、軍にコネをつけた。軍の内部では人事を担当する「政治将校」を務め、組織改革やライバルの排除によって影響力を持つようになった。

さらに、父親が元副総理という出自を考えれば、北京で十分な出世は望めるにもかかわらず、地方勤務という道に進んでいる。

「中央にとどまることで人民が背を向けるようになる」

この頃から、中国のトップ（中国共産党総書記）の地位を目指していた習近平は、あえて河北省で地方勤務の第一歩を踏み出したが、その際も中央とのパイプを保ち、常にその動きに注意を払っておく重要性も理解していた。

習近平は、父親の人脈に加えて自らの人脈も構築し、二〇〇二年、浙江省の党委員会書記に就任すると、輸出を飛躍的に増やして同省の高い経済成長を実現させた。

二〇〇七年には、上海市汚職事件の収拾を急ぐ当時の国家主席、胡錦濤に見出されて上海市党委員会書記や、九人（現在は七人）しかいない中国共産党の最高幹部、中央政治局常務委員に抜擢され、翌年の全人代では国家副主席にまで昇進した。

ここまでの生き方は、戦国武将に例えれば徳川家康である。

三河の大名の子どもとして生まれながら、人質生活を余儀なくされ、織田、豊臣時代をひたすら耐えながら軍事力と経済力を蓄えた生き方を彷彿させる。

習近平もまた、思春期に苦労を味わい、成長してからは地方勤務の役人として、ゆくゆくは自分の力で強い中国を作る野望を持ちながらも、それを誰にも悟らせることなく、したたかに準備を進めてきた戦略家である。

二〇一二年十一月、習近平が中国共産党総書記に選出されたときですら、「これといって目立つ特徴がないのが最大の特徴」と言われたほどだ。

それが、総書記の地位に昇りつめるや、自分のことを抜擢してくれた一派をことごとく切っていった。そして周りを盟友や側近で固め、強固な一強体制を築いていったのである。

それは、父親である習仲勲の昇進と落日を目の当たりにし、毛沢東の強さと怖さを肌で感じてきた経験から得た処世術であろう。

権力を持つことの意味と失うことの意味を身に染みて感じている習近平が中国の頂点に君臨し続ける限り、アメリカをはじめ自由と民主を普遍的な価値観として共有する国々との軋轢は、軍事衝突のリスクもはらみながら、今後ますますエスカレートしていくに相違ない。言い換えるなら、日本有事の危険性は続くということである。

崇拝される習近平

アメリカやイギリスなどと同様、中国も毎年九月に入学の季節を迎える。

二〇二〇年初頭から世界に拡大した新型コロナウイルスは、中国でも小中高等学校や大学の授業の多くをオンラインなどリモート学習に替えたが、感染拡大に歯止めが見られるようになった二〇二一年八月、ちょっとした異変が起きた。

日本の文部科学省に当たる中国教育部が、入学や新学期を前に、

「全国の学校で、習近平総書記の中国共産党一〇〇周年式典での重要講話を真摯に学習させる教材作りの国家事業を推し進めていく」

「習近平新時代の中国の特色ある社会主義思想を深く学習し、貫徹していくことは、全党全国の主要な政治任務だ」

と発表したのである。

これは、中国の全ての学校を、習近平の思想一色で染め上げると宣言したに等しい。詳しくは次項で述べるが、習近平が語ったことや実行したことを教科書として編纂し、児童や生徒、それに大学生にまで必修科目として学習させるということだ。

個人の思想が教材に反映されるのは、今なお中華人民共和国建国の英雄と評される初代の最高指導者、毛沢東以来である。

中国の歴史をひもとけば、最高指導者ごとに五つの世代に分けることができる。

第一世代が毛沢東時代、第二世代が鄧小平時代、第三世代が江沢民時代、そして第四世代が胡錦濤時代で、現在の習近平時代は第五世代である。

中国では、鄧小平時代以降、毛沢東時代の一九六六年から十年間にわたり繰り広げられた文化大革命への反省から、個人崇拝の悪癖を排除してきたが、教科書の一件は、習近平もまた毛沢東と同様、崇拝の対象になったことを意味している。

同時期に中国共産党の中央宣伝部が公表した「中国共産党の歴史的使命と行動価値」と題する文書では、個人崇拝について否定し、「習近平による強権体制」と批判されないよう配慮をにじませながらも、習近平を大国の舵取りを担う存在として毛沢東と同等の扱いで紹介している。この点も注目すべきである。

習近平おじいさん

二〇二一年九月、新学期を迎えた中国では、習近平の思想を教えるためだけに作成された教科書が小学校から大学まで配布された。新しい教科書は、習近平をあらゆる事柄の権威で、彼に忠誠を誓うことが正しいことだと説いている。

小学校の教科書では、親しみを込めて習主席を「習近平おじいさん」と呼び、最初から「愛国心」を植えつける記述が続く。

また、高校の教科書では、台湾問題について「台湾独立勢力の分裂工作を打ち壊す」

「武力の使用を放棄しない」などといった記載もある。

こんな教えを小学生時代から刷り込まれて育つ子どもたちは、いったいどのような大人になるのだろうか。

それを予測するには、中国教育部が教科書の中に組み込んだ「習近平が中国共産党一〇〇周年式典で語った重要講話」を見ておかなければならない。

二〇二一年七月一日、式典に臨んだ習近平は、北京の天安門の楼上にマオカラー（立ち襟）の人民服姿で姿を現した。楼上での演説とマオカラーのいでたちは、毛沢東を強く意識したものだ。

その場で、習近平は、中国と中国共産党の歩みを振り返り、小康社会（ややゆとりのある社会）実現の成果を総括し評価したうえで、

「歴史を鑑に未来を切り開くとき、必ず国防と軍隊の近代化を急がなければならない。強い国には強い軍がなければならず、軍強くして初めて国家は安泰となる」

「人民の軍隊を世界一流の軍隊に作り上げ、より強大な能力、より確実な手段で国家の主権、安全保障、発展の利益を守らなければならない」

と述べ、「強国の実現」、そして「中華民族の偉大なる復興」という中国の夢、言い換え

るなら自身の野望に言及した。

さらに、約一時間に及んだ演説の後半で、香港問題や台湾問題に触れ、「中国を抑圧し、隷属させるような妄想を抱く者は、誰であれ、十四億あまりの中国人民が血と肉で築いた鋼の長城に頭をぶつけ、血を流すだろう」

「台湾問題を解決し、祖国の完全な統一を実現することは、中国共産党の終始変わらぬ歴史的任務である。いかなる者も、国家の主権と領土保全を守る中国人民の強固な決意、断固たる意志、強大な能力を過小評価してはならない」

と強調してみせた。

このような教えを叩きこまれた子どもたちが成長すれば、中国という国はこれまで以上に、アメリカや日本、それに台湾などにとって大きな脅威となるだろう。

その中国の動き、今後の「習近平おじいさん」の出方を予測するには、いくつかの節目を見ておく必要がある。

◇注目すべき中国の節目
・二〇二七年　中国軍（人民解放軍）建軍一〇〇周年。

・二〇二八年　中国のＧＤＰがアメリカを抜く（イギリスの民間調査機関ＣＥＢＲ「経済・ビジネス研究センター」による予測。二〇二〇年十二月発表）。
・二〇三五年　中国軍の近代化が完了。中国が知的財産権強国を目指す（中国政府が二〇二一年九月発表）。
・二〇四九年　中華人民共和国建国一〇〇周年。

このうち、二〇三五年の重要性については後述するが、二〇四九年だと習近平は九六歳と本当に「おじいさん」になってしまう。そのため、強い経済と軍を作り、悲願である台湾統一へと向かう動きは、二〇二七年から二〇三五年あたりに起きると予想される。

習近平は、中国共産党一〇〇周年式典でも、

「中華民族の血の中には他者を侵略し、覇を唱えようとする遺伝子はない」

と述べ、世界平和に貢献する姿勢を強調したが、東シナ海や南シナ海、台湾や尖閣諸島など内政問題ととらえる地域は別物である。このことも、子どもたちを含め中国の人民に刷り込まれることになるのだろう。

長期政権への布石

個人崇拝、言い換えれば神格化の動きが顕在化したのは、二〇一七年十月十八日、北京の人民大会堂で開幕した中国共産党大会だ。

習近平が、中国の最高指導者である中国共産党総書記に就任したのは、二〇一二年十一月十五日である。

五年近くが過ぎ二期目に入ろうとする党大会で、習近平は、全国から集まった二三〇〇人の地区代表が「偉大なる習近平総書記」を連呼する中、「特色のある社会主義という偉大な旗印を掲げ、中華民族の偉大なる復興という中国の夢を実現するため、たゆまず奮闘する。中国の夢、強軍の夢を目指す」

このように演説し、「強国」となることを宣言した。

注目の人事では、中国共産党の最高指導部の中で総書記の下に位置する政治局常務委員七人（チャイナ・セブン）の大半を側近で固める一方で、二期目に入る際の慣例である「後継者の内定」と「常務委員への登用」を見送った。

そして、五五条から成る党の規約には習近平の名を冠した政治理念を盛り込み、ここに習近平を党の「核心」とする「一強体制」が形成されたのである。

その翌年、二〇一八年三月五日に開幕した全国人民代表大会では、首相の李克強が「五年間の政府活動報告」の中で、「習近平同志を核心とする党中央の堅強な指導の結果……」などと習近平の名前を十三回も連呼して持ち上げた。

何より、この年の全人代で可決された憲法改正案は驚くべきものであった。習近平個人の思想が明記され、それまで「二期十年」としてきた国家主席の任期制限撤廃や反逆者を処罰できる国家監察委員会の設置まで盛り込まれたのだ。

先に述べたように、習近平個人の思想は、前年の党大会で、憲法より重要視される党の規約にも盛り込まれた。中国歴代の指導者の中で、個人の政治理念が党規約と憲法の両方に刻まれるのは、毛沢東、鄧小平に次いで習近平が三人目である。

その日、国営テレビ、中国中央電視台のメインニュース番組では、憲法改正特集が組まれた。女性キャスターが、「憲法が偉大な時代にふさわしい内容に変わった」と伝え、画面は憲法改正に沸く聴衆の姿を映し出した。

このように、二〇一七年の党大会と二〇一八年の全人代は、習近平の皇帝としての戴冠式、あるいは神と崇拝するための祭礼とでも言うべき一大イベントとなった。

現在、習近平は、中国共産党総書記、中国国家主席、中国軍事委員会主席（中国軍＝人

民解放軍のトップ）の三つのポストを兼務している。

この中でもっとも「偉い」のが総書記のポストだ。なぜなら、中国は、党が国家の組織や人民、そして軍を指導する地位にあるからである。

総書記に任期の制限はないものの、中国共産党には、「七上八下」（党大会の時点で六七歳までなら留任でき、六八歳以上なら退任する）という不文律が存在する。

すでに習近平は、二〇二二年六月十五日で六九歳を迎えた。しかし、二〇二二年の党大会では続投が決まった。

「小事は智によって成し、大事は徳によって成し、最大事は運によって成す」

中国流のこんな言葉に当てはめるなら、総書記として三選を果たすという大事まで、智と力で辿り着いた習近平は、台湾統一という最大事を何によって成そうとしているのだろうか。その答えは軍事力しかないように思えてしまう。

反腐敗政策

先に述べたように、習近平は、謙虚で長老たちの言うことを聞きそうだったことと、前任の胡錦濤よりは指導力がありそうという理由で最高位に就いた。

ここだけを見れば、「トランプよりはマシ」という点で大統領になったバイデンや、「河野太郎や石破茂では困る」という声に推され、自民党総裁選挙で勝利した岸田文雄とそれほど変わらない。

しかし、バイデンや岸田文雄とまず大きく異なるのは、トップの座に就くまで正規の教育を受けていない点と国際経験が乏しい点だ。

文化大革命前に父親の習仲勲が失脚し、中学を追われた習近平は、六年九か月もの間、農作業に明け暮れ、無試験で清華大学に入学するまでまともに授業を受けていない。

国際経験も、一九八五年、アメリカ視察でアイオワ州を訪れ、二週間のホームステイを経験した程度だ。

最終学歴と言える清華大学は名門だが、学業体験の少なさや海外生活の乏しさは、中国という大国を率いる立場としてはかなり物足りない。

その部分では、法科大学院で法務博士を取得し、長くアメリカ議会上院の外交委員会委員長を務め、副大統領の経験もあるバイデンや、幼少期をアメリカで過ごし、銀行員として外国為替を担当し、政治家になってからは、五年弱、外務大臣を経験してきた岸田文雄が一枚上だ。

そんな習近平が総書記として最初に手をつけたのが国内問題、それも「反腐敗政策」である。当時の中国は、「汚職をしていない政治家を探すほうが難しい」と言われるほど、多くの人たちがどこかで権力を利用し、うまみを享受している状況下にあった。

習近平は、総書記に就任した二日後の二〇一二年十一月十七日、中国共産党中央政治局第一回集団学習会において、

「腐敗問題が深刻化すれば、必ず党の滅亡、国の滅亡をもたらすことになる」

と述べ、党内の紀律違反を厳しく取り締まることの重要性に言及した。その約二か月後に開かれた中央紀律検査委員会の全体会議では、

「『トラ』（高級幹部）も『ハエ』（下級幹部）も一緒に叩く」

とまで言い切っている。

その後、四年間で一〇〇万人以上が摘発され、中には、中国共産党中央政治局常務委員だった周永康《しゅうえいこう》や、前中央軍事委員会副主席の徐才厚《じょさいこう》といった幹部も含まれていた。

習近平が「反腐敗政策」を進めた背景には、市場経済の拡がりとともに増加した党員や幹部による贈収賄などの腐敗行為が中国人民の不満を招いたことがある。

「反腐敗政策」を進めることで、人民の党への信頼を取り戻し、自身の指導部の基盤を強

化しようとしたのである。

しかし、それ以上に大きいのが、「腐敗撲滅」を大義名分とした摘発を、政敵を退け、共産党幹部に「絶対服従」を強いる脅しとして用いたことだ。

腐敗にどっぷりと浸かった共産党幹部の大多数は、一斉に習近平に服従を誓い、その結果、前任者の胡錦濤が続けてきた集団指導体制は一瞬で崩壊した。そして、習近平による個人独裁体制、つまり一強の「皇帝政治」体制が出来上がり、しだいに強固なものになっていったのである。

「聞く力」と「断固」

「いつ会っても口調が穏やかで物腰も柔らかい。とても温和でこちらの話に耳を傾けてくれる人物」

これは、長崎県知事時代、四度も習近平と面会した前農相、金子原二郎の言葉である。

二〇〇六年から四年間、中国大使を務めた宮本雄二も、著書『習近平の中国』(新潮新書)の中で、習近平を、

「饒舌でなく人の意見を聞く方。胆力を感じる。江沢民や胡錦濤よりも『中国流の大人《たいじん》』」

と評している。また、宮本の後任として民間から中国大使を務め、のちに日本中国友好協会会長となった丹羽宇一郎も、

「若いときに苦労したせいか、相手の話をよく聞く。人間的には弱者の気持ちを理解できる人物」

このような印象を口にしている。これらの評価が的を射たものであれば、習近平は、けっして独裁者などではなく、周囲の意見に耳を傾けながら政策を実行していくタイプの指導者で、バイデンや岸田文雄の政治手法と似ていることになる。

バイデンは、周りの意見を聞き、調整によって合意や妥協を生み出してきた政治家だ。その政治姿勢は、大統領になった今も、側近や議会、あるいは同盟国の意見に耳を傾けながら物事を前に進めようとする姿に見ることができる。

二〇二一年十月四日、第一〇〇代内閣総理大臣に就任した岸田文雄もまた、三〇年近い国会議員生活で培った「聞く力」を前面に押し出し、トップの座を射止めた政治家で、バイデン同様、調整型のリーダーである。

日米中三か国の首脳にいずれも「聞く力」があれば、米中貿易摩擦も、東シナ海や南シナ海をめぐる対立も、対話によって緊張緩和に向かいそうなものだが、習近平の実像は、

聞き上手でもなければリベラルでもない。

習近平の演説に注目していると、「断固」という言葉が随所に出てくる。

「独創的、先導的な科学技術の難関攻略を強化し、主要技術、コア技術の難関攻略戦に断固勝利する必要がある」（二〇二一年五月二八日、中国科学院院士大会で発表された談話）

「台湾独立のたくらみは断固粉砕しなければならない」（同年七月一日、中国共産党創立一〇〇周年式典での講演）

「（新型コロナウイルスの武漢流出説について）政治利用には断固反対する」（同年九月二二日、国連総会でのビデオ演説）

言うまでもなく、「断固」とは誰の意見にも左右されない姿勢を表す言葉である。筆者はこれが彼の実像ではないかと思うのである。

諸外国の要人との会談ではうっすらと笑みを浮かべ相槌を打つ。鷹揚に構えながらその場で自分の考えは言わず、すでに腹で決めていることを躊躇なく実行に移す……そんなしたたかな人物像が見えてくるのである。

勿忘国恥

腹で決めていることを躊躇なく実行に移す姿は、インド太平洋地域へのプレゼンスの強化に見ることができる。

南シナ海のスプラトリー諸島（南沙諸島）には、七つもの人工島を造って軍事拠点化し、フィリピンやベトナムと領有権を争い、台湾や沖縄県の尖閣諸島も「中国の領土」と言って憚らない中国。そのくせ、

「中国人民はこれまでに一度も他国の人民をいじめ、抑圧し、隷属させたことはない」

「中華民族は強い民族的誇りと自信を持つ民族」

などと標榜する強烈なまでの自意識はどこからくるのだろうか。そして、習近平が事あるごとに「断固」という表現を連発する根底には何があるのだろうか。

それを読み解くヒントが「勿忘国恥」である。「勿忘国恥」とは、「恥辱の一〇〇年を忘れるな」という意味で、アメリカ・シートンホール大学准教授のワン・ジョンは、著書『中国の歴史認識はどう作られたのか』（東洋経済新報社）の中で、これが中国を膨張へと駆り立てるナショナリズムの根源だと説明している。

「勿忘国恥」で指す「恥辱の一〇〇年」の始まりは、一八四〇年の第一次アヘン戦争である。この戦いで当時の清朝はイギリスに敗れ、香港を奪われた。

一八九四年の日清戦争では、日本に敗れて、台湾、澎湖諸島、遼東半島を割譲することになり、巨額の賠償金の支払いも余儀なくされた。

一九〇〇年の義和団の乱では、中国の植民地化が進み、一九三一年の満州事変では日本に満州占領を許し、一九三七年の日中戦争では、南京大虐殺など一〇〇〇万人とも言われる死者を出した。この戦いは最終的には勝利したものの、毛沢東が中華人民共和国を建国する一方で、蒋介石《しょうかいせき》による中華民国（以降、台湾と表記）設立という祖国の分裂を招いた。

こうして見ると、第一次アヘン戦争からの一〇〇余年は、中国側からすれば、日本など外国軍に蹂躙され、外交面でも敗北を繰り返した恥辱に満ちた時代だったということができる。

「列強が中国に押しつけた不平等条約と中国における帝国主義の一切の特権を完全に除去して、中華民族の偉大なる復興実現のための根本的な社会的条件を整えた。中華民族が分割され、侮辱される時代は過去のものとなった」

習近平は、先に触れた中国共産党一〇〇周年での演説でこのように述べているが、一〇〇年余りに及んだ苦渋の時代への思いが見てとれる言葉である。

それゆえに習近平は、「恥辱の一〇〇年」の雪辱を果たし、中華民族による新しい秩序を構築しようとしているのだ。

「奪われた領土や領海は取り戻さなければならない。第二次世界大戦後にアメリカなどが主導して構築した国際秩序は、中国が主体となって造り替えなければならない」

筆者には、こうした思いが、習近平を突き動かしているように思える。

東シナ海や南シナ海で一方的に現状変更を試みているのも、習近平が高らかに打ち出した「中華民族の偉大なる復興」の一つのプロセスなのである。

台湾海峡危機での敗戦

アメリカや日本にとって喫緊の課題が、習近平が力ずくで台湾統一や尖閣諸島奪取に動いたらどうするかという点である。

筆者が、台湾有事や尖閣有事が近く起きるのではないかと考える根拠は、習近平の言葉の中にある。習近平は「勿忘国恥」の観点から、

「常に戦備を整え、必ず勝利できる臨戦態勢を取れ」（二〇一八年一月三日、新年の挨拶）

「厳重な状況が起きたら必ずや正面から痛烈に打撃する」（二〇二〇年十月二三日、中国人民解放軍の朝鮮戦争参戦七〇周年記念大会での重要講話）

「偉そうな態度の説教は受けない」（二〇二一年七月一日、中国共産党創立一〇〇周年式典での講演）

特にアメリカを意識し、このような言葉を発し続けている。

歴代の最高指導者を見ると、「台湾同胞に告げる書」を発表した鄧小平は、台湾政策を武力解放から平和統一へ転換する姿勢を明確にした。

「江八点」と呼ばれる八項目からなる台湾政策を発表した江沢民も、武力をちらつかせながら、統一のための交渉は台湾当局との間で進める考えを示した。

また、「胡六点」と呼ばれる台湾政策を発表した胡錦濤も、二〇〇九年の「台湾同胞に告げる書」三〇周年に際し、

「手を携え両岸の和平発展を推し進め、中華民族の偉大な復興を実現しよう」

などと台湾に歩み寄る姿勢を見せている。

しかし、習近平は違う。二〇一九年一月二日、「習五点」と呼ばれる台湾政策を発表した習近平は「武力行使の可能性も排除しない」と述べ、演説の中で四五回も「統一」という言葉を用いた。

習近平の発言をつぶさに検証すると、歴代の指導者にはできなかった民族と国家の統一、

つまり「台湾統一」や「尖閣諸島併合」を、「自分の代で何としてでも成し遂げる」という執念を感じるのである。

もう一つは、習近平がアメリカの強さから学んだと推察できる点だ。

台湾をめぐり、アメリカと中国の軍事的な緊張が高まったケースは過去に三回ある。台湾海峡危機と呼ばれるもので、第一次が一九五四年から一九五五年にかけて。そして第二次が一九五八年。さらに第三次が、中国が台湾総統選挙に軍事的圧力をかけた一九九五年から一九九六年にかけてである。

これらはいずれもアメリカの介入で、中国側が手を引く形で決着した。

なかでも第三次台湾海峡危機は、中国軍が演習だと称して台湾をミサイル発射で威嚇したものの、アメリカの空母攻撃群に蹴散らされ終結している。

この敗北は、まだ四〇代前半で、台湾とは目と鼻の先の福建省で要職に就いていた習近平にとって衝撃だったに相違ない。

ときを経て、五九歳で国家主席に就任した習近平が、「中華民族の偉大なる復興」を掲げ、その後も演説などで「富強」「強国」「強軍」といった言葉を随所に盛り込むのは、アメリカに対抗できる経済力と外交力、そして何より軍事力を備えなければ、台湾は永久に中国のものにはならない、「勿忘国恥」も実現できないと悟っているからであろう。

強国宣言と戦狼外交

先に述べた二〇二一年七月一日の中国共産党創立一〇〇周年の式典で、習近平は、「我々は、『二つの守る』をやり遂げなければならない」と宣言した。「二つの守る」とは、党の核心としての習近平の地位を守り、その習近平による党中央の権威を守ることを意味する。

まさに「皇帝政治」である。人民に向け「私の地位と権力を守れ」と演説する最高指導者がどこにいるだろうか。北朝鮮の朝鮮労働党総書記、金正恩でもここまでは言うまい。

このような言葉まで飛び出した中国共産党一〇〇周年の式典での演説は、一時間余りの演説の中に、習近平の性格、狙い、中国として目指すべきものが集約されている。

その演説で習近平はこのように語っている。

「歴史を鑑に未来を切り開くときは、必ず国防と軍隊の近代化を急がなければならない。強い国には強い軍がなければならず、軍が強くてはじめて国家は安泰となる」

これは、次の大きな節目である二〇四九年の中華人民共和国建国一〇〇周年に向け、中国軍を最強にすると宣言したに等しい。

習近平から強国宣言が飛び出したのは、二〇一七年十月十八日の第十九回中国共産党大会である。

「強軍の夢を目指す」

この演説を目の当たりにした元講談社（北京）文化有限公司副社長、近藤大介は、筆者が担当する報道ワイド番組で、

「習近平の一人舞台だった。『習近平総書記が治める偉大な社会主義の強国』ということを言わんとした演説だった」

と述懐し、「毛沢東政治そのものだ」とする党の長老の言葉も紹介している。

習近平は、この演説の中で、二〇四九年ではなく中国軍建軍一〇〇周年に当たる二〇二七年までに「強国」となることを達成すると述べている。

つまり、習近平が目指しているのは、その時点まで最高指導者の地位に留まることとアメリカをしのぐ軍事力を手に入れることだ。そして、それらによって台湾統一など「中華民族の偉大なる復興」を実現しようとしているのである。

図4-1は、元陸将の渡部悦和が作成した中国軍の組織図である。これを見ると、中国

図4-1　中国軍の組織

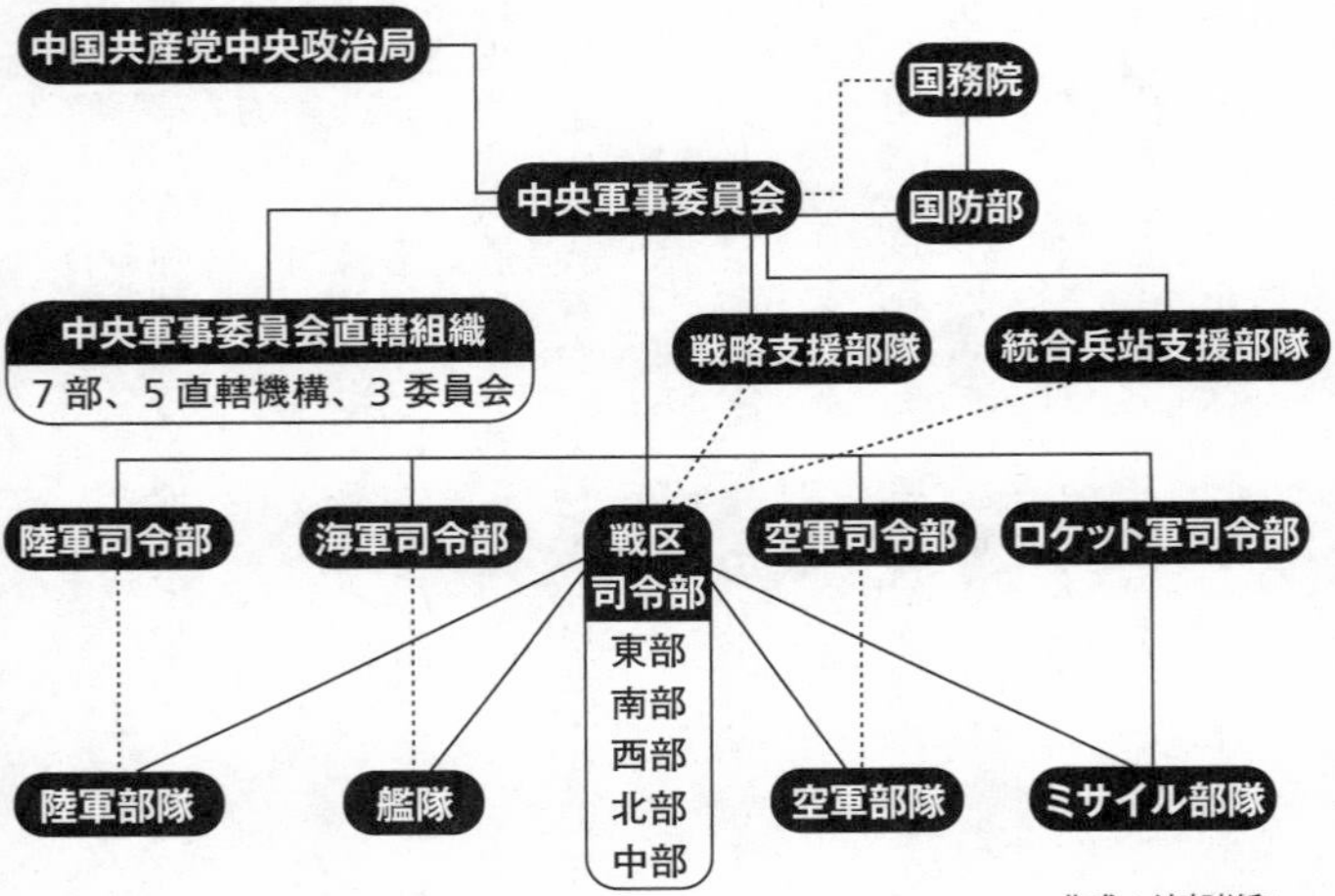

作成：渡部悦和

共産党の中央政治局をトップに中央軍事委員会が置かれていることがわかる。

中国共産党が全権を掌握し、その下にある中央軍事委員会が全体を管理し、東部や西部など五つに分けられた戦区が作戦を実行するという指揮系統が見てとれる。ちなみに台湾の担当は東部戦区になる。

このほか、サイバー戦や宇宙戦などオールドメイン戦を想定し、戦いを有利に進めることを目的に二〇一五年に設けられた戦略支援部隊が、五つの戦区とは独立した組織として位置していることもわかる。この戦略支援部隊の働きが、台湾や尖閣諸島攻略の際には鍵となるのである。

もう一つ重視すべきは「戦狼外交」というワードだ。「戦狼外交」とは、端的に言えば、「やられたらやり返す」という外交姿勢である。

二〇一七年に中国でヒットした『戦狼』という映画が起源で、「戦狼外交」と命名したのは、イギリスのＢＢＣとされる。

この姿勢は、たとえば、安倍政権時代、安倍が靖国神社を参拝すれば組織的に対日批判を展開したり、ロシアのウクライナ侵攻後、何もしない中国に国際社会から批判が高まると、「アメリカが虚偽の情報を絶えずまき散らし、中国の顔に泥を塗っている」などと強く反発したりしたシーンに見ることができる。

習近平自身、二〇一四年十一月、中央外事工作会議において「中国の特色ある大国外交」が提起された際、外交について「気概のあるものにしろ」と訓示している。

「中国は誰からも馬鹿にされない。やられたらやり返す」

この外交姿勢が、アメリカや日本、それにヨーロッパなどからの「言われっ放し」「やられっ放し」を許さないナショナリズムを形成し、それが、アヘン戦争以降続いた「恥辱の一〇〇年」を今こそ取り戻そうとする原動力になっているように思うのである。

四つの悪法

中国の船がわが物顔で日本の領海に侵入している背景には、中国で制定された四つの悪法がある。

一つ目は領海法だ。中国は、一九九二年、領海法（領海及び接続水域法）を公布し、尖閣諸島は中国の領土に属すると一方的に制定した。

さらに、二〇一二年には声明を発表して、その中で魚釣島およびその付属島嶼の領海基線を定め、その翌年には一方的に東シナ海上空に「防空識別区」を設けて、尖閣諸島空域があたかも「中国の領空」であるかのように表示した。

力による現状変更の動きが顕著になったのは、このように習近平が総書記に就任する前からで、二〇一〇年の中国漁船と海上保安庁の船による衝突事件、そして、二〇一二年、野田内閣で決定した尖閣諸島国有化などを経て、中国の日本に対する挑発行為がエスカレートすることになった。

二つ目が先に触れた海警法である。海警法は、中国・全人代の常務委員会が可決し、二〇二一年二月一日に施行した法律だ。

国際的にはあくまで沿岸警備隊として位置づけられている中国海警局の役割や権利義務

を明確化し、いざというとき、日本で言う海上保安庁にすぎない海警局に、海軍と同様の役割と権限を与える（中国軍の命令系統に組み入れ、部隊にする）という内容になっている。

◇海警法の骨子（抜粋）

・中国当局の許可を得ないで、外国の組織や個人が中国の管轄海域内の島嶼環礁に建造物や構造物を建設した場合、海警局は停止または除去する命令ができ、従わなかった場合には強制的に解体したり除去したりすることができる。（第二〇条）

・外国軍艦や外国公船（巡視船など）が中国の管轄海域で中国国内法に違反した場合、海警局が取り締まり、従わなかった場合には強制的に排除したり、拿捕したりすることができる。（第二一条）

・外国船によって中国の主権や管轄権が侵害されている場合、海警局はそれらの不法行為を排除し、危険を除去するために必要な武器使用を含む全ての措置を執ることができる。（第二二条）

中国は、この年、宇宙やサイバーなどの領域に関わる国防法も改正している。

これらの法整備がセットで行われたことは、習近平が台湾や尖閣諸島を含む東シナ海海域（第一列島線内の海域）を圧倒的に優位な状態にし、是が非でも台湾を統一し、尖閣諸島を手に入れようと周到な準備に入った証拠である。

そして三つ目と四つ目が、海上交通安全法と海外派兵法である。

海上交通安全法は、海警局とは別組織の中国海事局の権限を強化するため、二〇二一年に改正されたものだ。中国の海上交通に危害を及ぼす船舶、軍艦などが中国の領海を航行する場合、海事局への報告の義務を課し、中国の国内法で対処するという法律である。

国際航海に従事する総トン数三〇〇トン以上の船には、ＡＩＳ（船舶自動識別装置）の設置が義務付けられており、沿岸国はその信号を受信することにより、船舶の船名や針路などを把握することができるようになっている。

それにもかかわらず、このような法律を施行させた背景には、全ての船舶に認められているはずの無害通航権を認めず、中国の管理下に置こうとする狙いがある。

二〇二二年、習近平自らが法整備を指示した海外派兵法は、中国軍を海外に派遣して活動させる根拠となるもので、東シナ海と南シナ海を掌中に収めるための準備、あるいは、領海の外でアメリカ軍の接近を防ぐための準備とも言える。

中国は、台湾や日本への領海侵入を常態化させることで、「台湾や尖閣諸島の施政権は中国にある」というアピールを続けながら、裏では爪を研ぎ、いつでも武力で襲いかかる準備を法的にも進めているのである。

蔡英文という壁

その中国に対し、大きな壁となっているのが台湾の総統、蔡英文である。

蔡英文は、二〇二二年八月三日、総統府で、アメリカ議会下院議長、ナンシー・ペロシと会談し、台湾の「青天白日満地紅旗」が掲げられた部屋で、揺るぎない決意を改めて口にした。

「(中国の)軍事的脅威に直面しても、台湾は引き下がらない。われわれは民主主義のための防衛線を固持し続ける」

蔡英文は、ロシアがウクライナに侵攻して以降、国内(台湾には主権、国民、領土が存在するため「国」と表記)の動揺を抑えるため、

「ウクライナと台湾は異なる」

「台湾にはアメリカがついている」と国内外に向けて訴え、動揺を沈静化させてきた。そうした中、アメリカで大統領や副大統領に次ぐ下院議長という地位にあるペロシが訪台し、「台湾の民主主義を守る」と述べたことは何よりも心強く感じたはずだ。

蔡英文は、二〇一六年一月、総統選挙で国民党候補に勝利して以降、九二コンセンサス（九二共識＝一九九二年、中国と台湾当局間で「一つの中国」問題に関して達成したとされる合意）を一貫して受容していないとの考えを示してきた。

さらに、「一国二制度」は認めず、中国とは一線を画して生き続ける姿勢を明確に打ち出してきた。その結果、台湾は中国の圧力によって国際社会で孤立を余儀なくされてきた。

蔡英文の一期目就任前後から、国際会議への出席が拒否されたり、招待が見送られたりするケースが相次ぎ、台湾との国交がある国の数も、蔡政権発足当初の二二か国から十四か国へと激減している。

それでも、蔡英文は、「台湾の将来は台湾で決める」との信念を曲げず、二〇二〇年十月十日、「双十節」（台湾の建国記念日）の祝賀式典では、「武力衝突は取るべき選択肢ではない」と述べる一方、

「（台湾の）主権と民主的で自由な生活を守ることに妥協の余地はない」

このように述べて、中国の圧力には屈しない姿勢を強調した。そして実際、戦闘機部隊発足やミサイル増産、さらには予備役の戦力強化に舵を切ってきた。

台湾には韓国のような徴兵制がない。台湾では、一九五一年から徴兵制を採用してきたが、対中宥和政策を進めた国民党の馬英九《ばえいきゅう》前政権が、四か月の軍事訓練のみに短縮する志願兵制への移行を決定し、蔡政権発足後の二〇一八年になって移行が完了したからである。

さらに言えば、台湾には国際的な後ろ盾がない。ウクライナがＮＡＴＯに加盟していないためロシアの侵攻を受けたように、台湾もどの軍事同盟にも加わっていない。

アメリカとの間には台湾関係法が存在するものの、軍事支援までは明文化されていない脆弱さがある。それだけに、台湾国防部は自衛力の強化を急がなければならない。

だからこそ、アメリカの要請を受け、一年の徴兵制復活を検討し、併せて、攻撃型ドローンなどの開発、対艦ミサイルや対空ミサイルの購入などを急いでいるのである。

ただ、先に述べたように、中国と台湾の間には、兵員数、潜水艦などを含めた艦艇の数や、戦闘機など作戦機の数で三倍から十二倍の差がある。

図４－２は、二〇二二年版『防衛白書』で示された最近十一年間の台湾防衛当局予算の

図4-2　台湾防衛当局予算の推移

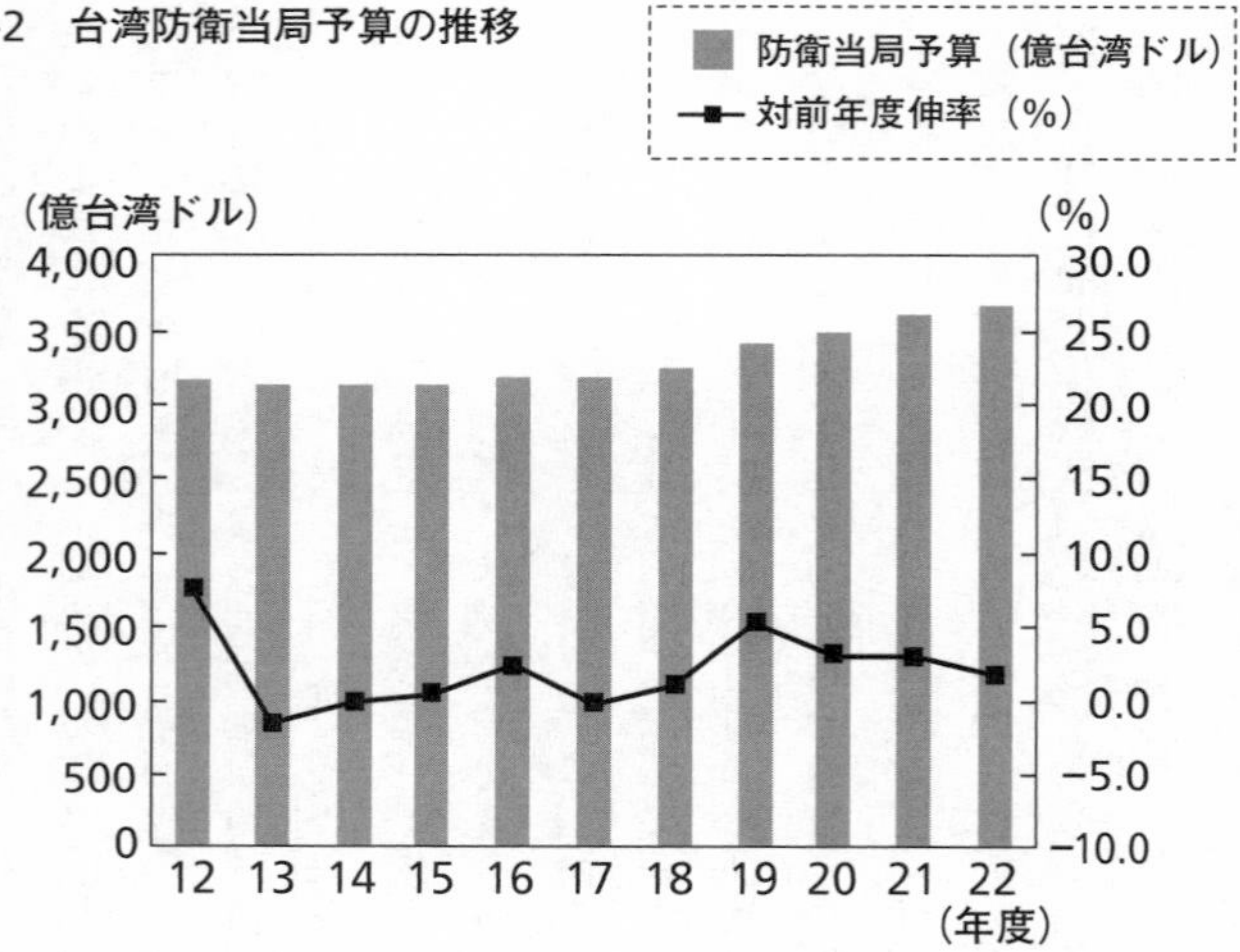

出典：台湾行政院主計総処 HP

推移を表したものだが、その伸び率は緩やかだ。

現状で言えば、台湾最大の武器は、蔡英文の外交力ということになる。

蔡英文自身、総統就任以降、トランプ、バイデン両政権との関係強化を進め、EUの代表団を台湾に迎えるなど連携強化に乗り出してきた。この姿勢は日本に対しても同じである。

タレントの志村けんが新型コロナウイルスに感染して亡くなったとき、

「台湾人にたくさんの笑いと元気を届けてくれてありがとうございました」

このようにツイートし、台湾に寄り添ってきた安倍が凶弾に倒れた際も、台北

市内にある日本台湾交流協会を訪れ、祭壇に花を手向け、

「台湾の永遠の友人よ、台湾と日本の友好や世界の平和に貢献してくれたことに感謝します」

と書き残したのも、「独力では台湾を守れない」と実感しているからである。

台湾の防衛戦略

防衛省が毎年発表している『防衛白書』。二〇二二年七月二二日に発表された二〇二二年版『防衛白書』は、巻頭で台湾有事の可能性に初めて言及し、本文でも台湾情勢に割くページ数を前年の二倍に増やして、

「中国と台湾が衝突すれば日本への影響は避けられない」

とする過去にない内容となった。


その中で、台湾の国防に関しては、国防費の推移は過去二〇年間ほぼ横ばいで、中国は台湾の少なくとも十七倍に増やしたと言及し、中国が台湾を射程に収める短距離弾道ミサイルを一〇〇〇発ほど保有しているのに対し、台湾には有効な対処手段が乏しいと指摘している。

では、台湾は中国の侵攻をどのように想定しているのだろうか。

◇台湾側による中国軍の初期行動の分析
・演習の名目で軍を中国沿岸に集結させ、認知戦（フェイク情報で相手の認知を誤った方向に導く）を行使して台湾民衆のパニックを引き起こした後、海軍艦艇を西太平洋に集結させて外国軍の介入を阻止する。
・「演習から戦争への転換」という戦略のもとで、弾道ミサイル及び巡航ミサイルを発射し、台湾の重要軍事施設を攻撃。同時に、戦略支援部隊が台湾軍の重要システムなどへのサイバー攻撃を実行する。
・制空権、制海権を得た後、強襲揚陸艦や輸送ヘリで上陸作戦開始。

この想定は、自衛隊やアメリカ軍の見立てとほぼ同じである。台湾軍は、この想定に基づき、「防衛固守・重層抑止」と呼ばれる考え方で中国軍を防ぎ、航空戦力や沿岸に配置した火力によって上陸を阻止する「海岸殲滅」からなる防衛構想を提起している。

これは、圧倒的な戦力差がある現状を踏まえ、アメリカ軍が支援に来るまでの間、いくらかでも中国軍の作戦能力を消耗させておく狙いがあるとみられる。

台湾は、この「防衛固守・重層抑止」を完遂させるため、国産の長射程ミサイルや攻撃型ドローン、そして、「空母キラー」とされるステルスコルベット（レーダーを避ける小型艦）の開発を進めている。

さらに、アメリカから、高機動ロケット砲システム（ハイマース）や地対艦ミサイルシステム（ハープーン）などを購入して、中国軍の侵攻をより遠方で叩く態勢作りを急いでいる。

台湾としては防衛力強化を急ぐとともに、米英豪の三か国による枠組み「ＡＵＫＵＳ」や日米豪印四か国による「ＱＵＡＤ」、そして米英加豪ニュージーランド五か国で構成される「ファイブ・アイズ」との連携も重要になる。

朝日新聞台北支局長などを務めた大東文化大学教授の野嶋剛は、これらの枠組みを、著書『新中国論』（平凡社新書）の中で、武漢大学教授、林泉忠の言葉を引用し、「三・四・五中国包囲網」と紹介している。台湾としてはそれらとの連携、そして、中国に侵攻の口実を与えないことが重要になってくる。

独立しない台湾

香港やウクライナで起きたことは、小さな国がいくら正しいことを述べても、近隣の大国が強い執着を見せれば、簡単に踏みにじられる現実を突きつけた。

香港の場合、中国化が早まったのは、犯罪容疑者の中国本土引き渡しを可能にする「逃亡犯条例」改正案をめぐる二〇一九年の反対デモであり、ウクライナが侵攻を招いたきっかけの一つは東部地域での親ロシア派の動きであった。

中国やロシアがそうなるよう仕向けた経緯はあるにせよ、国内の乱れは大国の介入を招くきっかけとなる。

台湾の場合は、国内で中国からの独立を唱える声が高まったとき、中国につけ入る隙を与えることになる。

ただ、一八九五年から五〇年間続いた日本による統治前から台湾に住んでいた「本省人」、そして、一九四九年以降、蔣介石率いる国民党軍とともに移り住んできた「外省人」に加え、「天然独」と呼ばれる、台湾で民主化が進んだ一九九〇年代以降に教育を受けてきた世代が中心となりつつある現状では、

「生まれながらにして中国からは独立しており、私は台湾人」

図4-3　独立に対する台湾の民意と自己認識の構造

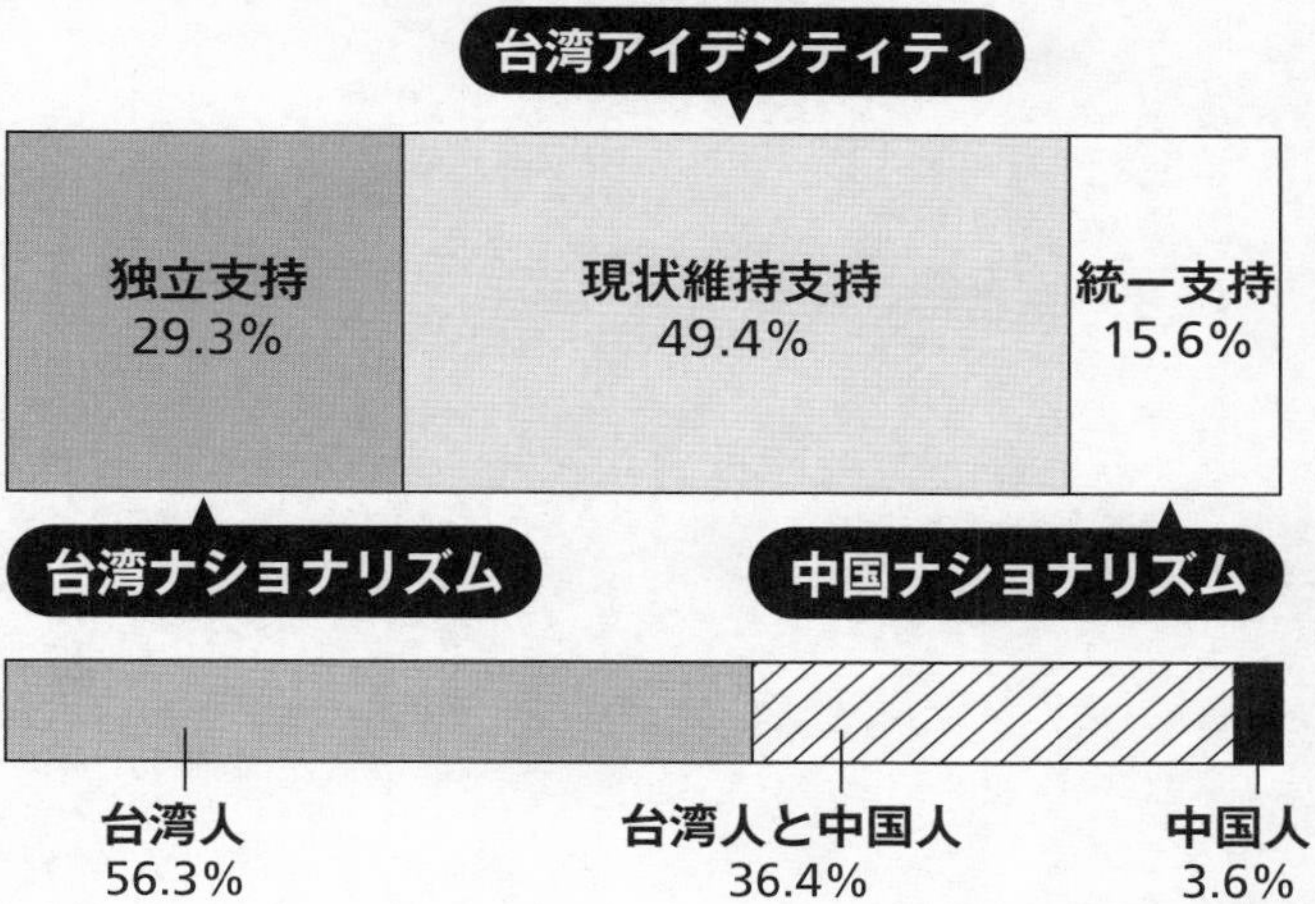

作成：小笠原欣幸

と感じる人たちが増え、あえて独立を求めて行動に移すような事態は考えにくい。

図4-3は、台湾の日刊紙「聯合報」と「政治大学選挙研究センター」の民意調査から、東京外国語大学大学院教授の小笠原欣幸《よしゆき》が作成したものである。これを見れば、独立を求めたりしない現状維持派が半数を占めていることがわかる。

また、「私は台湾人」と考える人の割合も半数を超えていて、台湾内部から独立を求める動きは起きそうにない。

ただ、中国が情報戦を仕掛け、統一支持派を扇動し、独立を叫ばせる恐れもある。

その場合、蔡政権でデジタル担当相を務める唐鳳らがフェイク情報の拡散を阻止し、正しい情報を発信することが、何よりの防火壁になると思うのである。

第五章　思惑が交錯する東アジア

中国を成長させたアメリカ

二〇一二年、習近平指導部がスタートして以降、中国軍は「建軍史上最大の改革」「武器・装備の近代化」、および「情報戦やサイバー戦、宇宙戦などオールドメイン戦に備えた対策」を進めてきた。

習近平は、総書記として三選が決まるまでの十年間で、中国を、アメリカに次いで世界第二位の経済大国に発展させ、アメリカ、ロシアに続く世界第三位の軍事大国（Global Firepower の「二〇二二年軍事力ランキング」による）へと成長させた。

中国をこのような超大国に育て上げてしまったのはアメリカである。

アメリカの中国への接近は一九七〇年代から始まった。一九七二年、アメリカ合衆国大統領、リチャード・ニクソンが中国を訪れ、毛沢東らと会談し、上海コミュニケを発表して「一つの中国」を容認した。

アメリカは、台湾について中国の一部であると認識し、異議を申し立てないことを約束した。そして、カーター政権時代の一九七九年、アメリカと中国は国交を正常化させたのである。

ソビエト連邦へのけん制とベトナム戦争の早期終結というアメリカ側の思惑が強く作用

した結果だが、アメリカは中国と接近した後も、兵器の売却や投資、中国人学生への留学機会の開放など近代化に向けた支援をし続けた。

中国が発展し、政治改革や市場開放が進めば、いずれアメリカと価値観を共有する国になり、国際社会の責任ある一員になるという期待と、発展はしたとしてもアメリカは追い越せまいという慢心があったと筆者は見る。

実際、筆者が駆け出しの外信記者だった一九八九年に起きた天安門事件以降も、中国をより豊かに、より強くすることを支援し、国際秩序に招き入れようとする「関与」政策を継続した。

先にも少し触れたが、敵視する国や競争相手とする国との関わり方には、大きく分けて「関与」と「封じ込め」の二つがある。アメリカは、冷戦下でソビエト連邦や東欧など共産圏諸国に対して実施してきたような、貿易をしない、人的交流もやらない、資本や技術の移転も行わないという「封じ込め」ではなく、中国を「仲間外れにしない」どころか、成長を手助けする手法を採ってきたのである。

アメリカの後押しによって急成長を遂げた中国は、天安門事件後の一九九〇年代以降、なかでも一九九二年から一九九五年、そして二〇〇三年から二〇〇七年にかけて、経済成長率が年率十%をゆうに超える高い伸びを記録している。

この二つの期間は、ビル・クリントン政権が中国に対する「最恵国待遇」を更新した時期、そしてブッシュ(子)政権が、二〇〇一年に起きた九・一一同時多発テロ事件以降、中国に建設的な関係を求めた時期と合致している。

とりわけ、クリントン政権は、中国に対し、「台湾独立反対」「二つの中国反対」「台湾の国連加盟は支持しない」という「三つのノー」を示した。

一九九七年十月には、当時の総書記で国家主席の江沢民を国賓として招き、「建設的・戦略的パートナーシップの確立」や「経済・貿易」交流の促進で合意している。

江沢民は、アメリカ訪問中、ハーバード大学で講演もしている。

ちょうど留学中だった筆者も聴講生として参加したが、天安門事件に端を発した人権問題が尾を引く中にあって、会場が歓迎ムード一色であることに驚かされたものだ。

この頃から、アメリカにおける中国警戒論は薄れ、そのことがさらに中国を「眠れる獅子」どころか「牙を研ぐ虎」へと成長させたように感じるのである。

手が出せなかったオバマ政権

胡錦濤時代を挟み、二〇一二年、習近平が総書記の座に就いて以降、中国は国内統制を強め、対外的にも強硬な姿勢を見せ始める。それは、アメリカが中国に対して抱いてきた期待を喪失させるものであった。

オバマ政権は、中国の動きを見ながら、「リバランス」政策を打ち出した。「リバランス」とは、これまでの世界戦略を見直し、その重心をアジア・太平洋地域に移そうとする軍事・外交上の政策のことだ。

その具体的な内容は、中国との経済的関係を緊密に保ちつつも、近隣諸国への中国の圧力や影響力を最小限とするために、日本、韓国、オーストラリアなどとの軍事的同盟関係を強化していこうとするもので、この方針を受けて、アメリカ軍の配備再編などが実施されることになった。

しかし、オバマが「リバランス」政策を打ち出したのは、就任して三年近くが経過した二〇一一年十一月のことだ。あまりに遅い。

オバマは、就任する直前に起きたリーマン・ショック後の景気対策とオバマケアと呼ばれる医療保険改革の実現に追われ、対外的にもイラクとアフガニスタンの紛争やシリア情勢に時間を奪われ続けた。

その間、中国は、フィリピンとベトナムの間の海域、南シナ海の南沙諸島に七つもの人工島を次々と造成している。

そして、戦闘機や爆撃機が離発着できる三〇〇〇メートル級の滑走路をはじめ、管制施設やレーダー施設を次々と建設していった。

南沙諸島の島々は、いずれも無人島だが、海上交通や軍事戦略上の要衝で、漁業資源や石油・天然ガスなどの海底資源も豊富とされている。言うなれば、東シナ海における尖閣諸島と似たような魅力度である。

それらの島々を一方的に領有化した中国に対し、オバマは何もできなかった。

二〇一五年九月、ホワイトハウスに習近平を招き、南シナ海問題や中国によるアメリカ企業へのサイバー攻撃に懸念を伝え、翌月、国防長官、アシュトン・カーターの進言で、南シナ海にアメリカ軍を派遣して中国をけん制する「航行の自由作戦」に踏み切った。しかし、それが精一杯であった。

二期目の後半に差し掛かっていたオバマには、残された時間は少なく、民主・共和両党ともに、二〇一六年の大統領選挙をにらんで、外交よりは国内問題にシフトせざるを得なかった。このことも中国に有利に働いたと言えるだろう。

トランプのアメリカ・ファースト

二〇一六年十一月八日。筆者は、トランプが第四五代アメリカ合衆国大統領に決まる瞬間を、ニューヨーク・マンハッタンにあるトランプ陣営の本拠、ヒルトンホテルで見つめていた。

「MAKE AMERICA GREAT AGAIN」と書かれた赤い帽子の支持者で埋まる会場で、その熱気を肌で感じながら、現地からの中継レポートで、「世界でアメリカ発の地殻変動が起きることは避けられそうにありません」

このように結んだのを今でも鮮明に覚えている。

トランプが主張してきた「アメリカ・ファースト」と習近平の「中華民族の偉大なる復興」には共通点がある。ともに「自国がナンバーワン」「自国の国益が最優先」という強烈なまでの意識である。当然、衝突が生じる。

それでも当初は良好な関係であった。二人が初めて対面したのは、二〇一七年四月六日、フロリダにあるトランプの別荘「マー・ア・ラゴ」である。

このとき、トランプは、貿易不均衡の是正、ミサイルの発射実験を頻繁に行っている北朝鮮への対応、そして中国による南シナ海への進出問題と三つの課題を用意し、習近平と向き合った。

しかし、貿易不均衡と南シナ海の問題では踏み込んだ言及はなく、

「北朝鮮にもっと圧力をかけてくれ。圧力をかけてくれたら、オバマ時代に南シナ海でやってきた『航行の自由作戦』は取り止める」

といった北朝鮮問題がメインテーマで終わった。

二〇一七年七月七日、ドイツ・ハンブルクで開かれたG20サミットでも、トランプは、

「中国は重要な貿易相手国であり、習近平国家主席と良好な関係が築けて嬉しい」

とまで語っている。

習近平も、その約四か月後、トランプ夫妻を国賓級で北京に迎えて歓待し、アメリカへの投資や、日本円にして二八兆円を超えるアメリカ製品の輸入に応じてトランプに花を持たせた。

「中国はこれまで、アメリカとの貿易で不釣り合いな利益を得てきた。だが、だからと言って、中国を非難することはできない。過去のアメリカ側の対応が間違っていただけであり、中国はむしろ、よくやってきたと言うべきだ」

北京での晩餐会で、トランプは上機嫌でこう語っている。

地殻変動が起きたのはその直後である。同じ月、ベトナムの保養地・ダナンで開かれたAPEC首脳会議で、習近平が「一帯一路」構想をアジア太平洋地域にも拡大する考えを示したのがきっかけだ。

こんなことが実現してしまうと、アメリカのアジアにおけるプレゼンスは低下する。東シナ海や南シナ海はおろか、太平洋まで中国の海になりかねない。

トランプが、その直後に開催されたフィリピン・マニラでの東アジアサミットの会議をドタキャンして帰国の途に就いたのは、アジアの盟主から世界の盟主になりつつある習近平への強い不満が原因だった。

トランプ政権は、その年の十二月に公表した国家安全保障戦略（NSS）において、中国をロシアとともにアメリカの国益と国際秩序に挑戦する修正主義勢力と位置づけ、対中政策を抜本的に見直すことを明らかにした。

そして、翌年の二〇一八年になって、トランプは中国で製造され安く売られている鉄鋼製品に目をつけ、「高い関税をかける」と言い始めた。これがアメリカと中国の貿易戦争の発端である。

さらにトランプは、アメリカの最先端技術や軍事機密、個人情報などが盗み取られているとして、安全保障上の理由から、中国の通信機器大手、華為技術（ファーウェイ）や中興通訊（ZTE）、そして、人気の動画共有アプリ「TikTok」を運営するバイトダンスなどによるサービスや機器の利用を禁止した。

これまで「関与」政策を続けてきたアメリカは、トランプによって「競争」政策へと大きく舵を切ったのである。

それでも、二〇一九年六月二九日、大阪でのG20サミットに合わせて行われた米中首脳会談では、トランプは、両国間の懸案事項はそっちのけで、翌年の二〇二〇年十一月に迫った大統領選挙への展望に話題を割いた。

それればかりか、習近平に、新疆ウイグル自治区などをめぐる人権問題への批判を控える見返りに、自身が再選できるよう手助けをお願いした。何とも情けないこの事実は、会談に同席していた当時の大統領補佐官、ジョン・ボルトンによる回顧録の中で明らかになっている。

トランプ自身は、中国の人権問題などに興味はない。トランプ政権下での対中政策は、徹底した国益重視に加え、あくまで、トランプ自身をディール（取引）の勝者として演出し、再選を果たすための手段であったと言えるだろう。

バイデン政権、三つの「C」

トランプ政権時代の対中政策は、バイデン政権になっても受け継がれてきた。

バイデンは就任当初から、習近平体制下の中国を民主主義国家と対比させ、専制主義国家と断じるなど、厳しい対中姿勢を打ち出し続けている。

バイデンは言うまでもなく、対中政策で後手に回ってきたオバマ政権下で副大統領を務めた人物である。それだけに、筆者の期待値は高くなかったが、バイデンは、中国の変化を待つよりも、同盟国や友好国との連携を強化し、中国の動きをけん制しながら、「競争」と「安定」のバランスを図ろうとしているように見える。

◇バイデン政権の対中政策、三つの「C」

・Competition　=技術開発では競争。

・Cooperation　=気候変動問題では協力、中国封じ込めでは同盟国と協力。

・Confrontation　=台湾問題や人権問題では対決。

バイデンの対中政策をキーワードで分類すれば、三つの「C」に大別できる。

台湾有事や尖閣諸島有事を想定した場合、これらのうち「Cooperation」（協力）は重要な要素になる。

前任のトランプは、TPPやパリ協定（温室効果ガス削減をめぐる枠組み）から脱退したばかりでなく、NATOを軽視し、アジアにおいても日本や韓国に防衛費用の分担を迫り、民主主義国家陣営に亀裂を生じさせた。

このことが、悪く言えば、中国に好き勝手をさせる隙にもなったが、バイデンは、

「わが国は単独行動ではなく、前の政権で棄損した同盟関係を修復し、再び世界に深く関与していく」（二〇二一年一月二〇日、大統領就任演説）

という姿勢を貫いている。

ヨーロッパで言えば、イギリス、フランス、ドイツ、イタリア。アジア太平洋で言うなら、日本、韓国、オーストラリア。これら同盟国や友好国との安全保障や経済分野での協力を鮮明に打ち出し、実行してきた点は、トランプとは一八〇度異なる。

また、バイデンは「Confrontation」（対決）の姿勢も堅持している。

「同盟諸国との緊密な関係を強化していくとともに、インド太平洋地域においては強力な米軍事力を維持していく」（二〇二一年四月二八日、初の施政方針演説）

「一方的な現状変更や、台湾海峡の平和と安定を損なう試みには強く反対する」（二〇二二年七月二八日、電話での米中首脳会談）

そのバイデンは、二〇二二年五月二三日、東京・元赤坂の迎賓館で臨んだ日米首脳会談後の共同記者会見で、「台湾有事が起きた場合、アメリカは軍事的に関与するか？」と問われ、

「YES。それが我々の約束だ」

このように述べ、台湾の防衛に関して態度を曖昧にしてきた歴代政権の政策から大きく踏み込んだ。そして同年十月に発表した「国家安全保障戦略」でも、台湾を支持する姿勢を強調した。

台湾が中国の手に落ちれば、東シナ海や南シナ海でのアメリカの優位性は大きく後退する。そればかりかグアムやハワイの基地も危うくなる。

加えて、TSMC（台湾積体電路製造）やUMC（聯華電子）など半導体の製造で世界一のシェアを誇る台湾が中国化してしまうことも防がなければならない。

そのため、バイデンは、台湾海峡の現状を維持するため、中国が一線を越えないよう細心の配慮をしている。

ただ、中国もいつまでも台湾を民主主義国家陣営の砦にしておくわけにはいかず、アメリカの出方を注視しながら統一への準備を進めている。

だからこそ、台湾有事、ひいては日本有事となるリスクが消えないのである。

民主主義国家vs.専制主義国家

「現代の危機に一国で対処できる国はない。アメリカは単独ではなく同盟国と協力して対処する」

これは、バイデンが大統領就任一〇〇日に合わせて行ったアメリカ連邦議会での演説の一部である。

バイデンは、二〇二一年十二月九日に開いた民主主義サミットでも、「民主主義は憂慮すべき挑戦を受け続けている」として各国との結束で対抗する考えを示した。

民主主義国家陣営と言えば聞こえはいいが、裏を返せば、アメリカ単独では中国に勝てないと認めたのと同じである。

二〇二〇年八月六日、アメリカの雑誌『ナショナル・インタレスト』のウェブサイトに論考を発表した元陸軍中佐、ダニエル・デイビスは、アメリカと中国が台湾をめぐって戦闘状態になった場合、アメリカは負けると予測した。

デイビスは、仮に中国軍を撃退できたとしても、その後の台湾防衛に莫大なコストがかかると予測している。

また、国防総省が発表した「中国の軍事力に関する年次報告書」(二〇二一年版)でも、中国は多彩なミサイルを大量に配備し、アメリカを迎え撃つ態勢を整えていることに触れ、軍事衝突が生じた場合、アメリカ軍は勝てない恐れがあり、本土が核攻撃を受けるリスクも高まると分析している。

トランプ政権下での貿易戦争のように、ビジネス的色合いが強いものであれば、交渉で解決する可能性はある。しかし、自由、人権、法の支配に代表される価値観の違いは、対話だけではどうにもならない。

そこで軍事的な衝突の恐れが指摘されるわけだが、アメリカは、古くは朝鮮戦争やベトナム戦争、最近で言えば、イラク戦争やアフガニスタン戦争など、アメリカ単独で完勝したことがない。ロシアとウクライナの戦争に、アメリカが直接的な軍事介入をしていたとしても、容易にはロシアに勝てなかっただろう。

専制主義国家陣営も、中国とロシアが関係を強化し、中国はソロモン諸島など太平洋上

図5-1　アメリカを中心とした安保枠組み

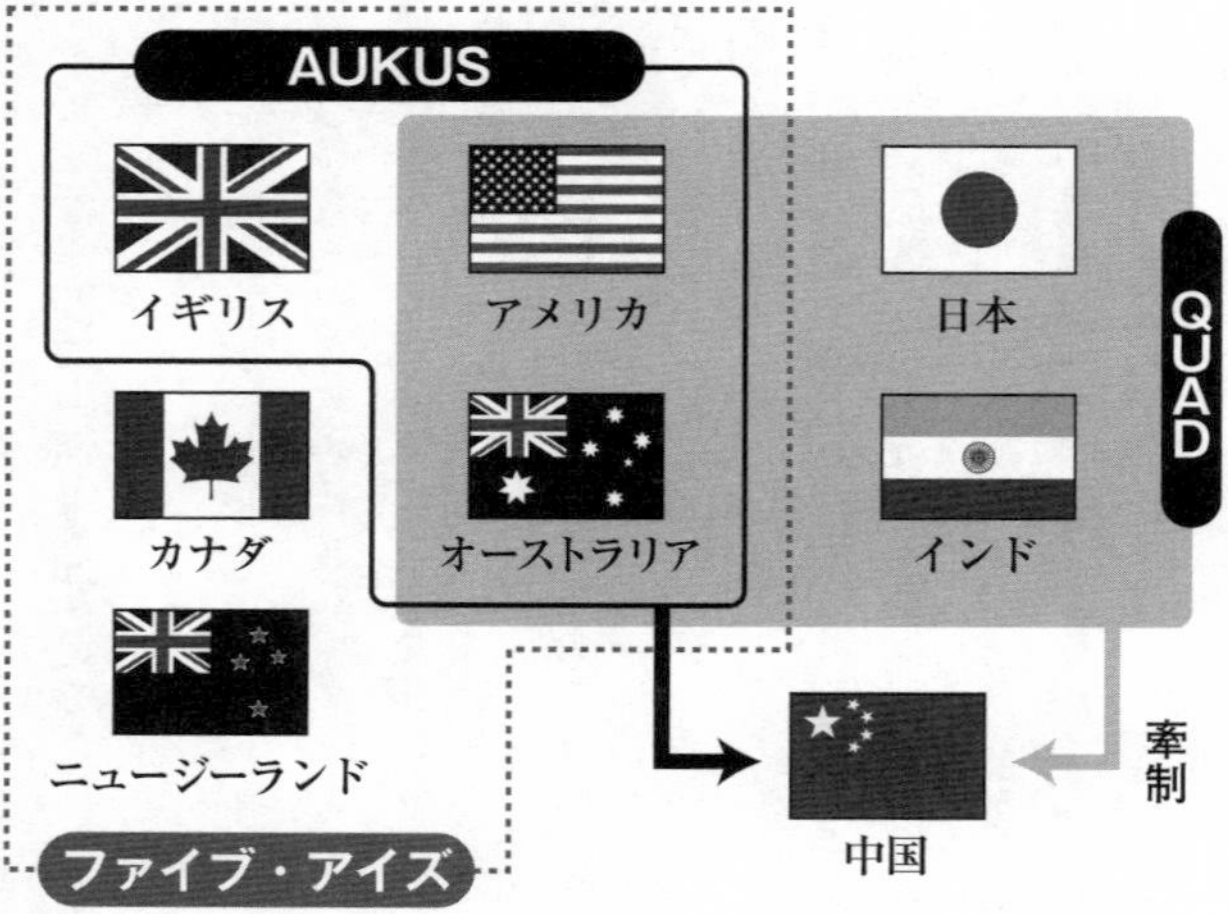

の島嶼国とも連携を深めようと動いている。

　だからこそ、先に述べた「三・四・五中国包囲網」、つまり、**図5-1**に示したAUKUS（三か国）、QUAD（四か国）、ファイブ・アイズ（五か国）の枠組みで中国と対峙することが重要になるのだ。

　ただ、歴史をひもとけば、覇権を目指す専制主義国家には、その勢いが一世紀ともたない共通項があることも付け加えておきたい。

　たとえば、ドイツは、ドイツ帝国の成立からナチスドイツの敗北まで七四年、ロシアも、ロシア革命からソビエト連邦崩壊まで同じく七四年である。

その点で言えば、中国も建国から七〇年余りが経過している。専制主義国家が一定の勢いのまま存在できる寿命が七〇年から八〇年程度とすれば、中国は、この先、どのような運命をたどることになるのか興味深いところである。

ちなみに、民主主義国家のリーダー格であるアメリカも、第二次世界大戦以降、世界のリーダーを自任するようになってから八〇年近くが経過している。

インドという不安材料

中国へのけん制という意味では、安倍が提唱した「QUAD」の一員にインドを招き入れたことが大きい。安倍の安全保障政策に反発し続けてきた韓国ですら、二〇二二年七月十三日、中央日報の紙面にこのような記事が掲載されたほどだ。

「日本とアメリカ、オーストラリア、インドによる戦略的な枠組み（QUAD）は安倍氏が始まりだった」

安倍が「QUAD」を提唱したのは、第一次政権時代の二〇〇七年八月、インド国会での演説が始まりである。

インドの国会で、というのがポイントで、安倍は、同盟国のアメリカや友好国のオーストラリアだけでなく、インドを巻き込むことで中国をけん制しようとしたのである。

第二次安倍政権時代、自衛隊のトップ、統合幕僚長を務めた河野克俊は言う。

「QUADで評価できるのは、インドを入れたこと。インドを仲間に引き入れたことでインド洋と太平洋をつないだ。これは中国にとっては大きなけん制になる」

また、アメリカの現代政治が専門の上智大学総合グローバル学部教授、前嶋和弘も筆者の取材に次のように語っている。

「インドが加わったことで、同盟国以上の集団になった。これを受けてアメリカ国務省にはインド太平洋局という部署が設けられ、大きな意味を持つものになった」

ここで世界地図を頭の中に描いてみよう。

インドはQUAD四か国の中で唯一、中国と地続きで接している。その距離は実に三五〇〇キロで、ロシアへの脅威からNATOに加盟申請したフィンランドのロシアと接している国境の長さ（約一三〇〇キロ）を大きく上回る。

そのため、緊張関係が続き、二〇二〇年には国境が画定していない地域でインド軍と中国軍が衝突し、双方に死傷者が出る事態も起きている。

二〇二二年五月二四日、東京で開催されたQUAD首脳会合では、来日したモディ首相が、

「QUADの信頼と決意は民主主義に新たな強さをもたらしている」

と語り、率先して連携強化を求めたほどである。

このとき、バイデンは次のようにモディ首相を持ち上げている。

「モディ首相による民主主義の実現に向けた努力に感謝したい」

「私はアメリカとインドの連携を地球上で最も緊密なものの一つにしていきたい」

これらの発言は、日本だけでなくアメリカも「インドをつなぎ留めておきたい」と考えている何よりの証拠である。

それだけ懸念があるということだ。対ロシアでは足並みの乱れが露呈している。

インドは、隣国の中国とは緊張関係にあるものの、ロシアとは伝統的に友好関係を築いてきた。インドが所有する兵器の六割以上はロシア製であり、中国との有事の際、「最も頼れるのはロシアの兵器」との認識が今でも強い。

実際、インドは、ロシアのウクライナ侵攻を非難しておらず、国連安保理や国連総会の緊急特別会合でロシア軍の即時撤退を求める決議案の採決が行われた際、ことごとく棄権

してきたことは前述したとおりである。

それればかりか、日本をはじめ欧米諸国がロシアからの原油や天然ガスの禁輸へと舵を切る中、インドは原油の輸入を続けている。

そのようなインドに関して筆者の目に留まったのは、「産経新聞」によるインドのバルマ駐日大使へのインタビュー記事であった。

◇バルマ大使の発言要旨（二〇二二年五月十九日「産経新聞」）
・覇権主義的な動きには反対。
・QUADは軍事同盟ではなく様々な問題を協議する場。
・台湾有事が発生した場合の対応を考えるより、有事が起きないようにすることが大切。
・ロシア制裁に関してインドは独立した立場を取っている。

このように、インドの姿勢は日本やアメリカの立場とは微妙に異なる。第一、インドは、中国の覇権主義的な動きにも反対だが、アメリカがインド太平洋地域でプレゼンスを強くすることも快く思っていない。

QUADに参加したのも、技術協力に関する期待からという側面が強く、台湾有事に関しても、インド軍を派遣してまで台湾を救おうという気概は感じられない。

近頃は、中国がロシアとともに日本の近海を航行し、軍事演習を行うケースも増えたが、ロシアと中国が対アメリカや対日本で連携を強化した場合、インドはどう動くのか、危うさがあることも忘れてはいけない。

オーストラリアは計算できる国か

では、AUKUS、QUAD、ファイブ・アイズ、全ての枠組みに参加しているオーストラリアは問題ないのであろうか。

日本とオーストラリアは定期的に「日豪二+二協議」（外相・防衛相による協議）の機会を設けている。二〇二一年には初めて共同声明で「台湾海峡の平和と安定の重要性」を強調し、防衛装備品の技術協力も進めている。

その意味では、極めて良好な関係と言えるわけだが、もともとオーストラリアは、一七八八年の大英帝国による入植以来、「アジアの脅威」と向き合ってきた。

十九世紀のゴールドラッシュでは中国、日露戦争後は日本に対する脅威論が渦巻き、軍事力の強化が進められてきた歴史がある。

ただ、アメリカと中国の国交正常化により、安定した国際環境が生まれ、これに伴い、オーストラリアにとっての中国は、アジア有数の貿易相手国となってきた。

一九九〇年代前半から二〇〇〇年代にかけての労働党・キーティング政権、そして自由党・ハワード政権の時代は、概観すれば、中国との関係は経済的なつながりが強固になった時代と言えるだろう。

それが変化したのは、二〇一〇年代になってからである。

中国がアメリカに対抗し、海洋進出を図る中で、再びオーストラリアで中国脅威論が高まりを見せるようになった。

二〇二〇年には、オーストラリアが新型コロナウイルス発生の原因を調査する中、中国が農産物禁輸など対抗措置を取ると、一気に関係が悪化する。

オーストラリアは、中国への経済依存を減らしつつ、同盟国や友好国との関係を強化し、中国に対しては、香港やウイグルの人権問題などをめぐり批判に転じた。

ＱＵＡＤの枠組みこそ、それ以前から存在したが、二〇二一年九月、自由党・モリソン政権下で突如、アメリカやイギリスとAUKUSと呼ばれる新たな安全保障協力の枠組みを結成したことは、三か国による対中包囲網の始まりを意味するものだったと言えるだろう。

二〇二二年五月に誕生した労働党・アルバニージー政権は、連邦選挙の選挙キャンペーンの段階でQUADやAUKUSへの支持を表明し、政権就任後も変わらず中国の威圧に向き合っていく決意を示した。

労働党幹部に親中派と見られる有力者がいたため、自由党と国民党の保守連合は「中国寄りの政策になる」と主張したが、首相となったアルバニージーは異例の速さで政権引き継ぎを行い、東京でのQUAD首脳会合にも参加して、枠組みを重視する姿勢を表明して見せた。そして同年十月には、日本との間で新たな安全保障協力にも署名した。

このことから考えれば、オーストラリアが政権交代によって対中強硬姿勢を変えることは考えにくい。

オーストラリアは、国土の広さこそ日本の二〇倍だが、人口は約二五〇〇万人と日本の五分の一の規模だ。それでも六万人近い兵力を擁し、高性能な戦車、強襲揚陸艦、航空機などを保有している。また、兵員数も二〇四〇年までに三割増やすと発表している。

また、国土が、中国が軍事防衛ラインとしている第二列島線（伊豆・小笠原諸島からグアム・サイパン、マリアナ諸島群などを結ぶ線）と第三列島線（アリューシャン列島やハワイ、南太平洋の米領サモアを経てニュージーランドに至る線）の間に位置している点からも、極めて重要な国と言えるだろう。

しかし、中国も、先に述べたように、オーストラリアの北東に位置するソロモン諸島やキリバスなどと関係を強化している。

台湾有事などの際、オーストラリア軍が北上すれば、ソロモン諸島から飛び立った中国軍の戦闘機に背後を突かれる恐れがある。その場合、オーストラリア軍は動けず、その支援は計算に入れられないことになってしまう。

第六章　現実味を増す日本有事

保守派だけでなく野党議員にも拡がる懸念

「沖縄にしても、与那国島にしても、台湾でドンパチが始まることになれば、戦闘区域外とは言い切れない状態になり、戦争が起きる可能性は十分に考えられる」

このように、日本有事の可能性に言及したのは、自民党副総裁、麻生太郎である。

麻生は、二〇二二年八月三一日、横浜市で開いた派閥の研修会で、さらにこう続けた。

「自分の国は自分で守るという覚悟がない国民を誰も助けてくれることはない。今は少なくとももう我々の周りで東シナ海、南シナ海、台湾海峡を含めて、きな臭いにおいがしてきていることは間違いない」

このうち、「自分の国を自分で守ろうとしない国を助けてくれる国などどこにもない」というフレーズは、銃弾に倒れた安倍が常々語ってきたことだ。

これを聞いて、「自民党保守派の人たちが言いそうなこと」と聞き流してしまう方がいるかもしれない。ただ、同じような懸念の声は、国際情勢に通じた野党の国会議員からも相次いでいるのである。

その一つが、同年六月十日、衆議院に提出された立憲民主党、井坂信彦による内閣総理大臣、岸田文雄に対する質問主意書だ。

日米安全保障条約第五条の「共通の危険に対処するように行動する」について、「米軍が尖閣防衛のために戦闘部隊を派遣して中国軍を攻撃してくれる」ということを国民は期待している。しかし実際は、「米国議会が認める範囲で、米国は自衛隊に武器弾薬の提供や補給をする」という対処にとどまる可能性も高い。仮に米国が尖閣防衛に戦闘部隊を派遣せず、自衛隊に武器弾薬の提供や補給のみを行なった場合、日米安全保障条約第五条は遵守されたことになるのか。（中略）米国には具体的にどのような日本防衛義務が課されていると政府は認識しているか。（日本有事の際、本当に米軍は日本を守るのかに関する質問主意書）

井坂の質問は、先に筆者も懸念を示した日米安全保障条約の落とし穴を突いたものだが、岸田は、答弁書の中で、「仮定の質問であり、お答えすることは差し控えたい」と述べるに留めている。

これでは、「アメリカは条約の中の第五条に基づいて、何らかの支援はしてくれると思うが、軍隊を派遣して助けてくれるとは断言できない」と述べているのと同じである。

対する中国は、アメリカ議会下院議長、ペロシが訪台した際、あっという間に、台湾とその周辺海域を取り囲んだ。そして、日本の排他的経済水域内に弾道ミサイル五発を着弾させることに成功している。

しかも、そのうち一発は、日本最西端の与那国島から約八〇キロの沖合に正確に落としている。中国は、いつでもすぐに台湾や尖閣諸島周辺を攻撃できる実力を見せつけ、併せて、中国と日本との海域の境界線など確定していないことを改めて宣言したことになる。

巨大で強力な中国軍を統括する習近平が総書記として三選を決めた今、台湾有事と尖閣諸島有事はさらに現実味を増し、その場合、安倍や麻生が指摘してきた日本有事のリスクが日増しに大きくなってきたと考えておくべきである。

二〇二七年から二〇三五年にかけてがヤマ場

筆者は、中国が台湾統一に動くとすれば、中国軍建軍一〇〇周年を迎える二〇二七年以降、二〇三五年までの間になると推測している。

その根拠の一つは、二〇二一年三月九日、アメリカ議会上院軍事委員会の公聴会で、当時のアメリカ軍インド太平洋司令官、フィリップ・デービッドソンが、

「六年以内に侵攻する可能性がある」

と述べたことだ。

「彼は、とても頭が良く、様々な情報を収集し、冷静に分析できる人物」

元防衛相、小野寺五典は、デービッドソンをこのように評する。それだけに、「六年以内」という見方は無視できない。

二つ目の根拠は、二〇二八年頃には、中国がアメリカを抜き、世界最大の経済大国になると見込まれること、そして、その頃には、中国とアメリカの軍事力の差も縮まるという点だ。筆者と親しい民主党関係者は語る。

「二〇三〇年頃には、アメリカの優位が崩れる。特にインド太平洋地域においては顕著になる」

もちろん、アメリカ側から発せられる「アメリカ単独では勝てない」「二〇二七年あたりが危ない」「中国の軍事力がアメリカを抜く」といったメッセージは額面どおり受け取ってはいけない。

本来であれば「アメリカ軍は最強」と言うべきところを「弱い」と語るのは、日本や韓国、オーストラリアなどに対し、相応の防衛費の増額と、アメリカへのこれまで以上の協力を求める狙いが込められているからである。

話を元に戻せば、中国が台湾統一へと動き出す時期だが、ロシアのウクライナ侵攻の影響、二〇二四年のアメリカ大統領選挙の結果などを見極めながら、二〇三五年あたりをめどに実行に移す可能性が高い。

統一に動き出す以上、絶対に負けられない戦いに向けて、じわりじわりとグレーゾーンの情報戦などから着手すると見られる。

◇中国にとって重要な「二〇三五年」という年
・中国軍の近代化が完了し、世界一流の軍隊になる。
・中国福建省の廈門《アモイ》と台湾の金門島を道路で結び、福州と台北を結ぶ高速道路と高速鉄道が完成する。

二〇三五年には、確実に中国は世界一の経済大国になっている。それに比例して軍事力も近代化され、アメリカ軍を凌駕している可能性もある。

軍事面以外でも、中国は、二〇三五年を目途に大プロジェクトの完遂を目指している。

それは、厦門と金門島を結ぶ高速道路、そして、北京から福建省を経由して台北を結ぶ高速道路や高速鉄道を造るというものだ。

台北と一八〇キロの距離にある福州では、すでに二〇三五年の竣工に向けて橋梁の建設が本格化している。

中国国内では、二〇二一年あたりから「二〇三五年に台湾に行こう」という曲がヒットしたが、習近平指導部は、こうした部分でも台湾に揺さぶりをかけているのだ。

一九五三年生まれの習近平は、この年、八二歳になる。しかし、アメリカでは一九四二年生まれのバイデンや一九四六年生まれのトランプ、そして一九四〇年生まれのペロシが、また、日本でも一九三九年生まれの二階俊博や一九四〇年生まれの麻生太郎が、最前線で活動してきたことを思えば、もうひと仕事できる年齢と言えるだろう。

対するアメリカは、二〇二四年の大統領選挙にバイデンが再び出馬して勝利し、二〇二八年まで政権が続くのかどうかで、対中政策に変化が生じる可能性がある。

現段階では、高齢に加え、空前のインフレを抑制できず、二〇二二年十一月八日の中間選挙でも人気のなさをさらけ出したバイデンが再選する可能性は高くない。

では、民主党から誰が立つのか、共和党はまたトランプを擁立するのか、本書発刊から一年以内には見えてくることになる。

動き出した北朝鮮

二〇一八年六月十二日、筆者は、シンガポールの観光名所、マーライオン公園から徒歩圏の距離に特設されたメディアセンターに詰め、セントーサ島のカペラホテルで開かれた米朝首脳会談の行方を見守っていた。

メディアセンターのモニターに映し出されるトランプと北朝鮮の朝鮮労働党委員長、金正恩の表情は穏やかで、その二人がにこやかに握手を交わした場面は、今なお歴史的な瞬間として鮮明に記憶に残っている。

数か月前まで、中距離弾道ミサイル「北極星二」や大陸間弾道ミサイル「火星十四」の発射実験を繰り返し、相互に「ロケットマン!」（トランプ）、「くそじじい」（金正恩）などと罵倒し合ってきた間柄とは思えない、政治的なショーであった。

この会談では、朝鮮半島の恒久的で安定的な平和体制の構築に向け、北朝鮮側が、朝鮮半島の完全な非核化に向けて取り組むことなどで合意した。

しかし、翌年二月、ベトナム・ハノイで開催された二度目の会談で、北朝鮮の核施設廃棄やアメリカの経済制裁解除をめぐって交渉は決裂し、同年六月、板門店での三回目の会談でも新たな進展は見られなかった。

「北朝鮮はアメリカにはなびかない。中国と北朝鮮はずっと脅威のままだよ」

これは、シンガポールのメディアセンターで隣に座っていた「台湾電視公司」の記者が筆者に語った言葉である。やがてこの言葉は的中する。

北朝鮮は、米朝首脳会談以降、アメリカ本土が射程に入るようなミサイルの発射実験を控えていたが、バイデン政権に代わった二〇二一年以降、鉄道から発射できる短距離弾道ミサイルや迎撃しにくい極超音速ミサイル、それに、「火星十七」と呼ばれる新型大陸間弾道ミサイル（ICBM）の発射実験を続けている。

二〇二二年版『防衛白書』でも、約二〇ページを割いて、北朝鮮の現状を詳しく分析している。

北朝鮮は、過去六回の核実験に加え、近年、弾道ミサイルの発射を繰り返すなど、大量破壊兵器や弾道ミサイル開発の推進及び運用能力の向上を図ってきた。技術的には、核兵器の小型化・弾頭化を実現し、これを弾道ミサイルに搭載してわが国を攻撃する能力を既に保有しているとみられる。（中略）サイバー領域について大規模な部隊を保持し、軍事機密情報の窃取や他国の重要インフラへの攻撃能力の開発を行っているとみられる。

一時は、前総書記、金正日が一九九五年から進めてきた「先軍政治」の終了を宣言し、経済建設に専念する路線にシフトした金正恩だが、総書記に就任した二〇二一年一月以降、「国防五か年計画」の推進によって、それをリセットしたように見える。

「最大の主敵であるアメリカを制圧、屈服させる」

その月の朝鮮労働党大会で述べたこの言葉が、方針転換を物語っている。さらに金正恩は朝鮮戦争休戦から六九年を迎えた二〇二二年七月二七日、演説でこのように語っている。

「アメリカの傲慢さは今も変わらない。我が国の核戦争抑止力は万全だ」

こうした言動は、金正恩がバイデンの北朝鮮政策を「敵視政策」としてとらえ、核をちらつかせながら攻勢に出た証左と言えるだろう。

北朝鮮の核は中国にとっても脅威だが、習近平が台湾統一に動く際は、当然、北朝鮮を利用する。北朝鮮が中国と連携して動けば、在日アメリカ軍と自衛隊は、日本海にも艦船や戦闘機を回さなければならない二正面作戦を強いられる。

事実、北朝鮮は、中国軍創設九五年の節目（創設は一九二七年八月一日）に合わせ、国防相の李永吉が中国の国防相、魏鳳和《ぎほうわ》に次のような祝電を送っている。

「中国人民解放軍との戦略・戦術的な共同作戦を緊密にしていく」

北朝鮮の総兵力は一二八万人。これは韓国の総兵力五六万人、在韓アメリカ軍三万人をはるかに超える。

中国はそのような北朝鮮を、ロシアでいうベラルーシのような役割で利用するに相違ない。そうすると日本は、尖閣諸島だけでなく本土まで危うくなる。

韓国は盟友となり得るか

繰り返し述べてきたように、中国が台湾統一へと動き出せば、尖閣諸島が危うくなるだけでなく、日本全域が有事となる可能性が高い。

日本が台湾側に立てば、在日アメリカ軍の基地や自衛隊の拠点が標的とされるだけでなく、中国との関係が断絶に近い形にまで悪化し、製造業、観光業、農林水産業など幅広い分野に影響が及ぶことは避けられない。

そうした場合、防衛をはじめ貿易などの面でも頼りにしたいのが、隣国の韓国ということになるが、果たして韓国は日本の盟友となり得る存在なのだろうか。

二〇二二年五月十日、「共に民主党」の文在寅《ムンジェイン》政権に代わり、「国民の力」を与党とする尹錫悦《ユンソンニョル》政権が誕生した。

「私が大統領になったら、アメリカ大統領の次に日本の総理大臣に会う。その次に中国の国家主席、習近平総書記と北朝鮮の金正恩委員長」

選挙期間中から、「一にアメリカ、二に日本」を打ち出してきた尹錫悦の姿勢は、金大《キムデ》中《ジュン》や李明博《イミョンバク》が、大統領就任後に実行してきた外交の優先度を踏襲したものだ。

振り返れば、韓国は、朴正熙《パクチョンヒ》政権下の一九六五年、日本と国交を結んで以来、外交の基軸を同盟国のアメリカと友好国の日本に置いてきた。

与野党を問わず、歴代大統領の最初の外国首脳との会談は、決まってアメリカで、その次が日本であった。

その慣習を崩したのが、最初に中国を訪問した朴槿恵《パククネ》であり、アメリカの次に中国へと出かけた文在寅である。

「文在寅政権は親中・親北の『屈辱外交』を行い、その結果、韓米、韓日関係が崩れてしまった。これを正常に戻すことが優先事項である」

とする尹錫悦の考え方は、日韓両国に横たわる慰安婦問題や元徴用工をめぐる問題の改善はもとより、中国、北朝鮮という軍事に力を注ぐ核保有国と対峙し続けなければならない日本にとっては期待できるものだ。

「自由の価値を共有することが国内外の当面の危機と難題を解決する鍵となる」

大統領就任演説で「自由」というワードを三五回も連発した尹錫悦。その姿勢は、アメリカと中国、両方の顔色をうかがってきた文在寅の外交姿勢とは異なる。

安倍が提唱した日米豪印の枠組み、QUADにも前向きな姿勢を示したことは、アメリカを中心とする民主主義国家陣営に軸足を置く意思の表れであろう。

ただ、政権が発足して半年余りという現在、懸念材料も見え隠れしている。

◇尹錫悦大統領に関する筆者の懸念
・弱い政権基盤＝一院制の韓国国会では、二〇二四年の総選挙まで、与党「国民の力」よりも野党「共に民主党」が五〇議席近く多い状態が続く。国民からの支持率が下がれば、野党の猛攻撃を受けかねない。

・安全保障はアメリカ、経済は中国に頼っている実態＝中国は大切な貿易相手国。GDPの約四〇％を占める輸出のうち二五％前後が中国向け。中国人の旅行者も韓国経済を下支えしている。その中国への配慮からか、アメリカ議会下院議長、ペロシが台湾訪問の後、訪韓した際、「休暇」を理由に面会を避けている。
・北朝鮮への圧力強化＝文在寅政権の「宥和政策」を転換。反発する北朝鮮は、中国と呼応して韓国に揺さぶりをかける可能性が高い。

本来であれば、韓国を取り込み、ベトナムやニュージーランドも含めた「QUADプラス」のような枠組み、東アジア版NATOのような組織ができることが望ましい。

しかし、有事の際、韓国軍は北朝鮮への備えが最優先になるため動けない。尹錫悦も対中国で大胆な決断を下せるかと言えば難しい側面がある。

つまり、韓国は、文在寅政権時代に比べれば、手を結べる要素が増えたものの、いざというとき、頼りになるとまでは言い切れないのが現状である。

韓国の中国離れと擦り寄る中国

日米韓の間にくさびを打ち込みたい中国は、低支持率が続く尹政権に手を延ばし、揺さぶりをかけ続けている。

尹錫悦の大統領就任式には、国家副主席の王岐山が出席し、習近平の親書を手渡した。そして、尹錫悦に早期の中国訪問を促した。

就任式から約三か月後の二〇二二年八月二四日は、中国と韓国が国交を正常化させてから三〇周年という節目に当たる。副主席の王は、尹錫悦が大統領に就任したその日に、「その日に北京でお待ちしています。歓待しますよ」という習近平の言葉を伝えたのだ。

実際、中韓国交正常化三〇周年の記念日に、両国の首脳が対面で会うことは実現せず、習近平と尹錫悦、李克強と韓悳洙《ハンドクス》という両国のトップ、そして首相同士で祝賀電報を送り合う形で終わったが、中国側からラブコールを送る姿勢に、中国離れが進む韓国をどうにか取り込もうという意図が垣間見えた。

振り返れば、中国と韓国との関係は、一九九二年の国交樹立以降、急速に発展してきた。当時、両国間の貿易額は五〇億ドル前後だったのが、二〇二一年には三六〇〇億ドルを超えるまでになった。韓国側から見れば、今や中国は世界最大の貿易相手国となっている。双方の関係も「協力パートナー」から「全面的協力パートナー」、そして「戦略的協力パートナー」と段階的に格上げし、現在に至っている。

しかし、二〇一六年、韓国がアメリカのTHAAD（終末高高度防衛ミサイル）を配備すると発表して以来、関係は悪化し、尹政権が、かつて文政権が打ち出した、「システムを追加配備しない」「アメリカ主導のミサイル防衛システムに参加しない」「日本を加えた三か国の軍事同盟を構築しない」という「三不」方針を撤回すると表明して以降、中国に焦りが見られるようになった。

韓国の歴代政権はアメリカとの軍事同盟と中国との経済関係を天秤にかけ「バランス外交」を展開してきた。「安保はアメリカ、経済は中国」などと言われてきたのはこのためだ。その中で、前任の文在寅は中国との経済関係を優先し、アメリカとは距離を置いてきた。それが尹錫悦に代わった途端、アメリカ寄りにシフトしている。中国にとってこの変化は看過できない。

韓国の中国離れは経済面でも顕著で、近年では、サムスン電子の中国工場の生産ストップ、ロッテの中国国内資産売却、現代自動車の中国における販売シェア低下といった事象を生んできた。

もっともこれらの背景には、中国のスマホやパソコン、自動車製造の技術力アップ、韓国で製造した部品を中国で組み立て、世界に販売するというビジネスモデルの崩壊（今やベトナムで組み立てたほうが安い）、さらには、THAAD配備といった政治的要因もあるが、中国離れは国民意識にも浸透している。

筆者は、二〇二三年九月、韓国・ソウルで取材したが、「中国は信頼できるパートナーか？」の質問に、大学教授ら有識者、そしてソウル市民からは、揃って「そうは思わない」との答えが聞かれたものである。

中国としては、これ以上、韓国との関係が希薄化するのは避けたいところで、この先も、中国は韓国に様々な誘い水を用意すると推測できる。日本としては尹政権の対中外交にも目配りが必要である。

分岐点は二〇二四年

筆者はこれまで、台湾有事が起きれば、ただちに日本有事に発展してしまうとの観点から取材を進め、本書にまとめてきた。

思えば、本書が出版された二〇二二年という年は、日本の安全保障にとって大きな転換点となった年であった。

ロシアのウクライナ侵攻、中国による海軍力の増強、日本の安全保障政策の要となってきた安倍元首相の銃撃死、そして何より習近平の総書記としての三選は、台湾有事や尖閣諸島有事、つまりは日本有事が、これまで以上に現実味を帯びてきたことを表しているように思えてならない。

この流れは、二〇二三年、二〇二四年……と年を重ねるごとに色濃くなってくる、というのが、日米の防衛関係者から様々な取材を通して得た正直な思いである。

とりわけ、二〇二四年は重要な一年になる。

この年は、台湾総統選挙とアメリカ大統領選挙がともにある年で、蔡英文の後継に誰が就くのか、ホワイトハウスのオーバルオフィス（大統領執務室）に誰が座ることになるのかで東アジアをめぐる情勢は一変する。

仮に台湾で国民党候補が勝利し、アメリカでトランプもしくは共和党候補が勝てば、対中政策は変化し、習近平の出方も大きく変わってくるはずだ。

同時にこの年は、韓国で総選挙が実施される年でもある。

尹錫悦と大統領の座を争った李在明《イジェミョン》が代表を務める「共に民主党」が過半数を維持すれば、大統領と議会とのねじれ状態は続き、対日強硬派の李在明の主張が尹政権や日韓関係に影響を及ぼす可能性も否定できない。そうなれば日米韓の同盟関係が希薄化しかねない。

二〇二四年と言えば、パリで平和とスポーツの祭典、夏季五輪が開催される年でもあるが、ロシアとウクライナの戦争が決着しているのか、北朝鮮がどこまで高度な核戦力を保持するようになっているのかも注目されるところである。

テレビやラジオをつければ、日々、中国に関するニュースが流れ、新聞やネットを開けば、台湾有事や日本有事にまつわる記事が散見される時代だが、習近平や中国の動向、日本政府の動きだけでなく、アメリカや韓国、ロシアや北朝鮮の動きも総合的に見ておく必要がある。

そのうえで、中国への留学を考えている人、中国を主な仕入れ先や販売先にしている企業などは、これまで以上に留意してほしいと思っている。

日本が尖閣諸島を国有化した二〇一二年には、反日運動が中国の主な都市に拡がり、日系の百貨店、飲食店、企業、学校などが暴徒化した中国人によって放火され、「ここまでやるのか」という声が上がるほど狙われ、破壊された。台湾有事が生じ、日本が台湾を支援すれば、おそらくこの比ではなくなる。

また、八重山諸島の住民、沖縄などアメリカ軍基地を抱える地域でも、有事への備え、退避路の確保は不可欠になる。

これから二〇二四年までの数年間で東アジア情勢は大きく動く。日本政府はもとより、個人や企業も、「有事は起きる」を前提にした備えをしておきたいものである。

おわりに

二〇二〇年以降、繰り返されている新型コロナウイルスの爆発的な感染者増加も、社会インフラを崩壊させかねない日本有事だが、中国がその気になれば、日本全体が、色々な形で巻き込まれることになる。

「中国、あるいは北朝鮮が攻めてきたとしたら、あなたは対応できますか？」

「今の仕事や生活を守れますか？」

「そのとき、日本政府や自衛隊の防衛力、同盟国のアメリカを信頼できますか？」

本書を手にされている皆さんには、あらためて、このような問いを投げかけたい。

筆者はこれまで、湾岸戦争や旧ユーゴスラビア紛争、そして、アメリカ同時多発テロ、イラク戦争を現地で取材し、攻撃された街の悲惨な状況を目の当たりにしてきた。

砲撃で破壊された教会やモスク、オフィスビルの残骸、どこからともなく漂う髪が焦げたような臭い、赤ちゃんの泣き声、途方に暮れる老夫婦の姿、荒廃した街を力なく歩く人々……。

平和で穏やかな時間を刻んでいた街が、大国の指導者の誤った価値観などによって一瞬で廃墟と化す様は、大地震や集中豪雨でいきなり暮らしが壊されるのと酷似している。ただ、一つ異なるのは、台湾有事や日本有事に至るまでには、情報戦やサイバー戦など、長いグレーゾーン期間があり、「あれ、おかしいな」と思えば備える時間があるという点だ。

本編でも述べたが、本書を手にされた方、一人ひとりがそれぞれの立場で、台湾有事や尖閣諸島有事、そして日本有事に至るリスクに留意されることを心から願っている。

今後、日本では憲法改正や防衛費増額の議論が進み、経済安全保障などの面でも対策が進むことになるが、是非、本書を、抑止のための備え、有事の際の対処法について考える材料の一つにしていただけたらと思っている。

最後に、本書執筆の機会とアドバイスをいただいた出版部新書副編集長の本川浩史さんに心から感謝して結びとしたい。

清水克彦

主要参考文献

・佐々木貴文（二〇二一）『東シナ海　漁民たちの国境紛争』ＫＡＤＯＫＡＷＡ
・近藤大介（二〇一八）『習近平と米中衝突「中華帝国」２０２１年の野望』ＮＨＫ出版
・近藤大介（二〇二一）『台湾ＶＳ中国　謀略の１００年史』ビジネス社
・中内康夫（二〇一二）「尖閣諸島をめぐる問題と日中関係―日本の領土編入から今日までの経緯と今後の課題―」参議院事務局企画調整室『立法と調査』ＮＯ．３３４
・下條正男「『台湾と尖閣は不可分』？　尖閣を狙う中国の嘘八百に反論する」『正論』二〇一五年五月号、産経新聞社
・井上清（二〇一二）『新版「尖閣」列島　釣魚諸島の史的解明』第三書館
・渡部悦和、尾上定正、小野田治、矢野一樹（二〇二〇）『台湾有事と日本の安全保障　日本と台湾は運命共同体だ』ワニブックス
・渡部悦和（二〇二二）『日本はすでに戦時下にある　すべての領域が戦場になる「全領域戦」のリアル』ワニブックス
・清水克彦（二〇二一）『台湾有事　米中衝突というリスク』平凡社

・喬良、王湘穂（二〇二〇）『超限戦　21世紀の「新しい戦争」』ＫＡＤＯＫＡＷＡ
・中国軍事科学院編『戦略学』（二〇一三年版）国防大学出版
・廣瀬陽子（二〇二一）『ハイブリッド戦争　ロシアの新しい国家戦略』講談社
・伊東寛（二〇一六）『サイバー戦争論　ナショナルセキュリティの現在』原書房
・加藤朗（二〇一六）『日本の安全保障』筑摩書房
・志位和夫（二〇二二）『ウクライナ侵略と日本共産党の安全保障論　「大学人と日本共産党のつどい」での講演』日本共産党中央委員会出版局
・エマニュエル・トッド「米国の『核の傘』は幻想だ　日本核武装のすすめ」『文藝春秋』二〇二二年五月号、文藝春秋
・遠藤誉（二〇二二）『ウクライナ戦争における中国の対ロシア戦略　世界はどう変わるのか』ＰＨＰ研究所
・ヘンリー・Ａ・キッシンジャー（二〇一二）『キッシンジャー回想録　中国（上）』岩波書店
・野嶋剛（二〇二二）『新中国論　台湾・香港と習近平体制』平凡社
・岡本隆司（二〇一六）『中国の論理　歴史から解き明かす』中央公論新社
・グレアム・アリソン（二〇一七）『米中戦争前夜　新旧大国を衝突させる歴史の法則と回避の

シナリオ』ダイヤモンド社
・小原凡司、大澤淳、深津真紀子（二〇二〇）「サイバー攻撃に端を発する台湾危機における日米共同対処の課題」笹川平和財団「二〇二〇年度TTX（Table Top Exercise）報告書」
・髙橋浩祐「元防衛相が語る『台湾有事』日本が考えるべき備え　安全保障の実務に詳しい森本敏元防衛相に聞く」（東洋経済オンライン　二〇二二年六月四日）
・清水克彦「『だからプーチンは想定外の苦杯をなめた』ウクライナの〝デジタル戦〟を支えた31歳閣僚の手腕」（プレジデントオンライン　二〇二二年四月三日）
・ジョセフ・ナイ「独自の軍隊を持たない国連が発揮すべき力」（東洋経済オンライン　二〇〇七年十二月十七日）
・宮本雄二（二〇一五）『習近平の中国』新潮社
・ワン・ジョン（二〇一四）『中国の歴史認識はどう作られたのか』東洋経済新報社
・石平（二〇二二）『新中国史　王の時代、皇帝の時代』PHP研究所
・佐橋亮（二〇二一）『米中対立　アメリカの戦略転換と分断される世界』中央公論新社
・ジョン・ボルトン（二〇二〇）『ジョン・ボルトン回顧録　トランプ大統領との453日』朝日新聞出版

・Toshi Yoshihara. DRAGON AGAINST THE SUN:CHINESE VIEWS OF JAPANESE SEAPOWER. CSBA.2020.

・Michael E. O'Hanlon. The Senkaku Paradox: Risking Great Power War Over Small Stakes. Brookings Institution Press. 2019.

・Doug Bandow. Washington Will Fight Russia To The Last Ukrainian. The American conservative.2022.

・Kurt M.Campbell, Ely Ratner. The China Reckoning:How Beijing Defied American Expectations. Foreign affairs report.2018.

（※他の参考資料に関しては本文中に明記した）

図版作成　タナカデザイン

インターナショナル新書一一三

日《に》本《ほん》有《ゆう》事《じ》

二〇二二年一二月一二日　第一刷発行

著　者　清《し》水《みず》克《かつ》彦《ひこ》
発行者　岩瀬　朗
発行所　株式会社 集英社インターナショナル
〒一〇一-〇〇六四 東京都千代田区神田猿楽町一-五-一八
電話 〇三-五二一一-二六三〇
発売所　株式会社 集英社
〒一〇一-八〇五〇 東京都千代田区一ツ橋二-五-一〇
電話 〇三-三二三〇-六〇八〇(読者係)
〇三-三二三〇-六三九三(販売部)書店専用
装　幀　アルビレオ
印刷所　大日本印刷株式会社
製本所　加藤製本株式会社

 Printed in Japan　ISBN978-4-7976-8113-0　C0231

清水克彦《しみずかつひこ》
政治・教育ジャーナリスト、大妻女子大学非常勤講師。愛媛県今治市生まれ。京都大学大学院法学研究科博士後期課程単位取得満期退学。文化放送入社後、政治・外信記者。アメリカ留学を経てニュースキャスター、報道ワイド番組チーフプロデューサーを歴任。『台湾有事』『安倍政権の罠』（ともに平凡社新書）、『ラジオ記者、走る』（新潮新書）、『ゼレンスキー勇気の言葉100』（ワニブックス）など著書多数。

インターナショナル新書

109
プーチン戦争の論理　下斗米伸夫

「特別軍事作戦」という名の「プーチンの戦争」が、世界を震撼させている。なぜロシアは、ウクライナへ侵攻したのか？　ロシア研究の第一人者が、新たな「文明の衝突」を解説。入門書にして決定版の一冊。

112
洋装の日本史　刑部芳則

日本人はいつから和服を捨て、洋服を着るようになったのか？　ＮＨＫ大河ドラマ「西郷どん」で軍装・洋装考証をつとめた著者が、膨大な史料から、日本人の服装の変遷を、発展段階論を用いてわかりやすく解説。

114
今こそ読みたいケインズ　根井雅弘

コロナ以来、供給網の混乱、資源価格の高騰、ロシアのウクライナ侵攻など、激動する世界。今こそ、20世紀の二つの世界大戦を経験し、インフレ、大量失業、国際通貨危機などと格闘したケインズに学びたい。

115
商社マン、エルサルバドル大使になる　樋口和喜

第二の人生は中米の小国駐在の日本大使!?　頭の固い大使館スタッフや37歳の新大統領相手に奮闘し、ＯＤＡや開発協力、広報外交、公邸会食と東奔西走。「大使の仕事と日常」がよくわかる、楽しい「お仕事本」！